HISTOIRE DE FRANCE

Patrick Restellini
et
Ilios Yannakakis
pour les chapitres
« L'ère des Machines »
« Aujourd'hui, la France »

HATIER

944
D241h

Loi n° 49-956 du 16 juillet 1949 sur les publications
destinées à la jeunesse, septembre 1982

ISBN 2218.06282.8
ISSN en cours
© septembre 1982, Hatier, Paris

Imprimé et relié en Italie par Vallardi Industrie Grafiche, Milan

Sommaire

1

4

5

6

7

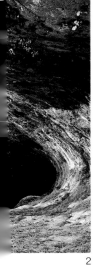

2   3

NOS ANCÊTRES ... JUSQU'À L'ÉCRITURE

Le peuplement de notre pays a débuté il y a plusieurs centaines de milliers d'années.

Seuls des vestiges matériels — fossiles, outils en pierre, PEINTURES RUPESTRES, sites funéraires ont permis aux savants, à partir du XIXe siècle, d'étudier et de différencier la PRÉHISTOIRE.

Aux temps les plus anciens, au PALÉOLITHIQUE ou âge de la pierre taillée, l'homme tire ses ressources de la chasse, de la pêche et de la cueillette. Nomade, il se déplace en petits groupes, vit à l'entrée des grottes ou dans des huttes faites de branchages et de peaux, voire d'os de mammouth. Sa plus grande acquisition est le feu (500 000 ans av. J.-C.) qui bouleverse sa vie. Ses progrès sont très lents : près d'un million d'années pour apprendre à débiter le silex et obtenir des BIFACES.

A la fin de cette période, l'homme travaille l'os et le bois de rènne, invente l'aiguille, le harpon, l'arc et la flèche; avec habileté et sensibilité il dessine sur les parois des grottes.

C'est vers 10 000 ans av. J.-C., au NÉOLITHIQUE ou âge de la pierre polie, que l'homme apprend à cultiver le sol, à domestiquer les animaux, à les élever pour leur chair, leur lait ou leur peau : il devient sédentaire. C'est alors qu'il invente le tissage, la poterie et la céramique, se fait commerçant et navigateur. S'il ne dessine plus, il dresse d'énormes pierres (MENHIRS) ou les pose sur des dalles verticales (DOLMENS).

4 000 ans av. J.-C., les métaux travaillés remplacent lentement outils et armes en silex. Des populations venues de l'Est européen font connaître l'usage et la fabrication du BRONZE.

Les Celtes, originaires d'Europe Centrale, s'installent huit siècles environ avant notre ère sur le territoire actuel de la France, apportant avec eux la métallurgie du fer.

C'est de cet immense brassage que sont issus « nos ancêtres les Gaulois ».

8

◄ *Les hommes du paléolithique vivaient à l'entrée des grottes (2), utilisaient des armes et des outils en pierre et en os grossièrement travaillés (8). A la fin du paléolithique, ils dessinaient des animaux sur les parois des grottes (4) ou taillaient des Vénus dans l'ivoire ou la pierre (6). Les hommes du néolithique dressaient des monuments gigantesques en pierre (1 et 5), se servaient d'objets en pierre ou en os polis (7) et connaissaient la poterie (3).*

Alésia

Alésia, septembre 52 av. J.-C. Le soleil est déjà haut. Un homme à cheval, paré de ses plus belles armes, descend au galop vers les retranchements romains qui encerclent son camp fortifié, perché sur un plateau escarpé, entre deux rivières. A son côté pend sa longue épée dont le fourreau et la poignée sont brillamment incrustés de verreries.

Il est seul, c'est Vercingétorix.

Le jeune chef gaulois vient se rendre à César, consul et général romain, qui l'attend, assis sur un siège devant son camp, au milieu de ses légions.

Ainsi s'achèvent et la guerre des Gaules et le rêve d'indépendance des belliqueuses tribus gauloises.

Les flèches indiquent les phases de progression des légions romaines. En bleu, la province romaine de la Narbonnaise conquise en 120 avant J.-C.

La conquête des Gaules par Jules César.

Une civilisation originale

La Gaule est alors une vaste contrée indépendante, couverte de nombreuses forêts et peuplée d'au moins douze millions d'habitants. Elle comprend une soixantaine de peuples, souvent rivaux. Parmi les plus puissants figurent les Arvernes du Massif Central, les Carnutes de la Beauce, les Helvètes du Jura, les Belges du Nord, les Vénètes d'Armorique. Chacun a, à sa tête, un roi assisté par une aristocratie guerrière ainsi que par des druides, à la fois prêtres, juges et éducateurs. Leur savoir, qu'ils se transmettent oralement — les Gaulois ignorent encore l'écriture — est considéré comme sacré.

Pour faire le siège d'Alésia, les légions de César édifièrent une double ligne de fortifications (20 km de long) dotées d'une triple rangée de pièges (fossés, aiguillons enfouis dans le sol, cippes). La première, tournée vers l'oppidum, encerclait le camp gaulois. La seconde, tournée vers l'extérieur, interdisait tout secours aux assiégés.

▼

Les Gaulois vivent en villages. Les cités, fort rares, sont situées à des points stratégiques : chacune d'elles constitue une place forte ou OPPIDUM. En matière de religion, les gaulois adorent une multitude de divinités mais ne possèdent pas d'édifices religieux, seulement des lieux sacrés : arbre, source, fleuve ou montagne.

Des techniques avancées

Pour les Romains qui se souviennent avec effroi du sac de Rome par les Gaulois (390 av. J.-C.), ceux-ci ne sont que des « barbares » pillards et impulsifs. Cependant, leurs techniques sont supérieures à celles des Romains dans de nombreux domaines : excellents agriculteurs, ils ont mis au point une charrue à roues munie d'un soc en fer, bien supérieure à l'ARAIRE de bois, et leur moissonneuse fera l'admiration des Romains. Leurs artisans travaillent les métaux précieux, le verre, le bronze et le fer; ils sont les premiers à ferrer leurs chevaux et à cercler les roues de leurs chariots de jantes en fer d'une seule pièce. Fort adroits dans le travail du bois, ils ont inventé le tonneau alors que les Romains ne connaissent que l'AMPHORE, lourde et fragile. Loin d'être isolée, la Gaule est ouverte aux influences étrangères et aux grands courants commerciaux, qui empruntent les vallées du Rhône, de la Saône, de la Seine et de la Moselle.

Le port de Marseille, fondé par des colons grecs en 600 av. J.-C., est alors la plaque tournante des échanges entre la Gaule et le monde méditerranéen. Marchands italiens et grecs y achètent de l'étain d'origine britannique, de l'ambre de la Baltique, du cuivre alpin, de l'or, des fourrures et des esclaves; ils y vendent du vin, de l'huile d'olive, des miroirs en bronze et de fines poteries.

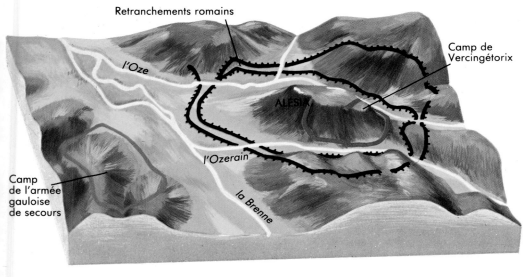

La conquête des Gaules (58-51 av. J.-C.)

Voilà la contrée riche et prospère que Jules César va conquérir. Descendant d'une illustre famille romaine, il est dévoré d'ambition et a besoin d'une guerre pour accroître sa gloire, sa puissance et sa richesse. Nommé consul en 59 pour les provinces romaines de Cisalpine et de Narbonnaise, il trouve un prétexte pour intervenir en Gaule l'année suivante. Avec ses légionnaires, il soumet rapidement les uns après les autres les différents peuples gaulois. Par deux fois même, il franchit le Rhin pour intimider les Germains et traverse la Manche pour combattre les Bretons (les Anglais actuels). Les Gaulois cependant supportent mal le joug du vainqueur. Le massacre par les Carnutes des marchands italiens installés à Genabum (Orléans), en février 53, donne le

▲
Casque en bronze retrouvé dans un fleuve.

signal d'une insurrection générale dirigée par Vercingétorix, jeune noble arverne que les autres peuples viennent d'accepter pour chef. Pour chasser les Romains, celui-ci préconise une nouvelle tactique : refuser le combat et empêcher l'adversaire de se ravitailler en pratiquant la politique de la terre brûlée.

Vercingétorix commet cependant l'erreur d'épargner la cité d'Avaricum (Bourges). Averti, César s'en empare malgré une résistance héroïque; puis il marche sur Gergovie en Auvergne, qui est le centre de l'insurrection. Mais il n'arrive pas à prendre la cité d'assaut et perd sept cents légionnaires. La Gaule entière, aussitôt alertée de village en village par des crieurs, s'embrase à cette nouvelle.

La cavalerie de Vercingétorix charge alors imprudemment les Romains dans la plaine dijonnaise et c'est la déroute. Le chef gaulois est obligé de trouver refuge avec ses quatre-vingt mille hommes dans l'oppidum d'Alésia en Bourgogne, à une cinquantaine de kilomètres à l'ouest de Dijon.

LES GAULOIS VUS PAR LEURS CONTEMPORAINS

Les Gaulois sont de haute taille, leur chair est flasque et blanche, leurs cheveux sont non seulement blonds par nature, mais ils s'appliquent encore à éclaircir la nuance naturelle de cette couleur en les lavant continuellement à l'eau de chaux.

Ils se vêtent d'habits étonnants, de tuniques teintes où fleurissent toutes les couleurs et de pantalons qu'ils appellent braies. Ils agrafent par-dessus des sayons rayés, d'étoffe velue en hiver et lisse en été, divisée en petits carreaux serrés et colorés en toutes nuances...

Les Gaulois ont pour armes des boucliers de la hauteur d'un homme avec des ornements variés d'une facture particulière... Ils se coiffent de casques d'airain avec des hauts cimiers qui donnent à ceux qui les portent une apparence gigantesque...

Aux ennemis tombés, ils enlèvent la tête qu'ils attachant au cou de leurs chevaux... Quant à celles de leurs ennemis les plus illustres, imprégnées d'huile de cèdre, ils les gardent avec soin dans un coffre et ils les montrent aux étrangers...

DIODORE, *Bibliothèque Historique.*

Il y est bientôt enfermé par une double rangée de fortifications édifiées par les légions de César en un temps record... Vercingétorix, pour sauver ses compagnons, sera obligé de capituler deux mois plus tard.

Une année est encore nécessaire à César pour pacifier entièrement le pays. Cette guerre a saigné la Gaule : près d'un million de morts et autant de prisonniers envoyés en esclavage en Italie. Le pays doit se résigner à n'être plus qu'une simple province romaine, dont la population adoptera rapidement la civilisation des vainqueurs.

▲
Les artisans celtes savaient travailler les métaux précieux, le verre, l'ambre, le bronze et le fer comme l'attestent ces bijoux trouvés à l'intérieur d'une tombe princière.

« Les Gaulois se construisent de grandes maisons de forme circulaire en planches et en claies et les recouvrent d'un épais toit de chaume », écrivait déjà le géographe Strabon au moment de la conquête des Gaules.
▼

Les voies romaines

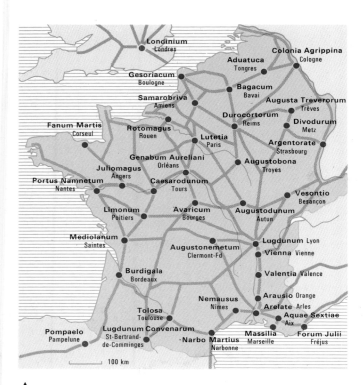

▲
Les voies romaines en Gaule formaient un réseau très dense rayonnant à partir de Lugdunum (Lyon). Tous les 1 500 mètres, des bornes, les milliaires, indiquaient la distance par rapport à Rome, en même temps que le nom des empereurs ou des magistrats qui étaient chargés de l'entretien de la voie.

Mosaïque représentant les travaux des champs. Ces travaux étaient effectués le plus souvent par des esclaves ou de petits paysans libres.
▼

La guerre finie, Rome s'emploie aussitôt à organiser sa conquête : elle accorde aux peuples gaulois une large autonomie : certains, les plus puissants, sont déclarés alliés de Rome, d'autres sont libres. La plupart doivent payer un TRIBUT, symbole de leur sujétion.

L'organisation augustéenne

Le successeur de César, Auguste, divise la Gaule en quatre parties (Narbonnaise, Aquitaine, Gaule Celtique et Gaule Belgique), auxquelles la colonie de Lyon, fondée en 43 av. J.-C., sert de capitale commune. Il fait établir un CADASTRE destiné à recenser les biens de chacun et à fournir une base précise pour les impôts.

Auguste confie à son gendre Agrippa la construction d'un réseau routier destiné à relier Rome et l'Italie à tous les points de la Gaule.

Les grandes routes romaines, qui souvent empruntent d'anciennes pistes gauloises, sont organisées en un réseau dense rayonnant à partir de Lyon. Ce sont de grandes voies d'intérêt public conçues avant tout pour la poste impériale et le déplacement des troupes.

A l'exemple de César, qui avait installé des colonies militaires, Auguste fonde, ou agrandit, de nombreuses villes dans le Languedoc, en Provence, dans les vallées du Rhin et de la Moselle. Elles abritent les autorités administratives, reçoivent leurs ordres de Rome et les diffusent jusque dans les campagnes les plus lointaines.

Les siècles d'or (70-250)

A l'abri du LIMES rhénan, le pays connaît, deux siècles durant, une prospérité économique sans précédent. Le pays exporte du blé, des laines, des objets en bronze et en fer, des salaisons. L'artisanat est florissant; ainsi les poteries renommées de la Graufesenque près de Millau dans l'Aveyron et de Lezoux en Auvergne (deux cents fours recensés) inondent de leur production toutes les provinces de l'Empire. Dans les campagnes, le FUNDUS, domaine agricole de moyenne importance, et la riche VILLA en pierre se développent au détriment de la ferme gauloise traditionnelle. La culture de la vigne s'étend bientôt à tout le pays jusqu'à la vallée du Rhin.

Le niveau de vie s'élevant, la population augmente.

Les villes se développent et s'embellissent. Bâties suivant un plan régulier en damier autour d'une place rectangulaire

---

Les diverses phases de construction d'une voie romaine d'après un poème de Stace.

La première besogne fut ici de tracer des sillons, de déchirer le réseau des pistes et, par un profond déblai, de creuser à fond les terres. La seconde consista à remplir autrement le vide des tranchées et à aménager une assise pour le dos du revêtement, afin d'éviter que le sol ne s'affaisse et que le soubassement ne soit traître et le lit chancelant sous les dalles foulées. Alors, on se mit à assujettir le chemin par de nombreux coins. O combien d'équipes s'activent en même temps ! Les uns coupent la forêt et dépouillent les hauteurs, les autres aplanissent au fer les quartiers de roc et les poutres. D'autres lient ensemble les pierres et complètent la contexture de l'ouvrage avec la poutre calcinée et le tuf cendreux. Les uns assèchent à bras les trous d'eau boueuse et détournent au loin des filets d'eau moins importants.

Coupe d'une voie romaine

(FORUM) située au croisement des deux voies principales (CARDO et DECUMANUS), elles s'ornent de monuments imités de Rome (ARÈNES, théâtres, temples, THERMES, arcs de triomphe, fontaines, AQUEDUCS, portiques et BASILIQUES).

La civilisation gallo-romaine

L'assimilation politique va de pair avec cette prospérité. Rapidement les Gaulois perdent toute nostalgie de leur indépendance. Très vite, certains aristocrates gaulois obtiennent la citoyenneté romaine, qui sera finalement étendue à tous les sujets de l'Empire sous Caracalla (212). Les grandes familles se sont empressées de romaniser leur nom et d'apprendre le latin. Langue officielle, écrite de surcroît, celle-ci supplante les parlers celtiques. L'influence des druides est, elle aussi, ruinée par la création des écoles. Une nouvelle élite de marchands et de négociants apparaît; forte de sa richesse, elle fait construire des maisons à la romaine et occupe des postes dans l'administration impériale.

Malgré sa romanisation, la Gaule ne perd pas sa personnalité : sous leurs noms romains, ce sont toujours des divinités gauloises qui sont honorées.

Les premiers chrétiens

La religion du Christ fait son apparition en Gaule, dans le Midi, au Ier siècle semble-t-il. Elle remonte de Marseille vers Lyon en suivant la vallée du Rhône. Ses adeptes appartiennent alors presque tous aux milieux grecs et orientaux.

D'abord très minoritaire, la nouvelle religion triomphe au début du IVe siècle avec la conversion de l'empereur Constantin; les églises se multiplient : à la fin du siècle, la conversion de la population des villes est accomplie; celle des campagnes sera entreprise sous l'impulsion de saint Martin, évêque de Tours.

C'est grâce à la christianisation et à l'influence de l'Église que la civilisation latine se maintiendra en Gaule lors des invasions barbares.

La décadence (IIIe-IVe siècles)

Dès 253, profitant d'un affaiblissement de l'armée, les Barbares franchissent le limes rhénan et ravagent le pays jusqu'aux Pyrénées, avant de devoir battre en retraite... L'activité économique se ralentit; disette et brigandage font leur apparition; les villes se hérissent de remparts et sont peu à peu désertées pour la campagne.

Pourtant la Gaule connaîtra encore une longue période de paix de 285 à 350, avant de sombrer définitivement sous le poids des Grandes Invasions.

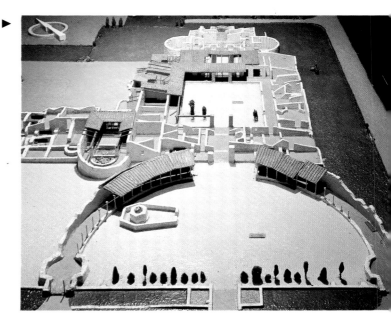

Les ruines de la villa d'un riche gaulois à Montmaurin (Haute-Garonne). Vue aérienne et au-dessus maquette de reconstitution. On estime à 1 500 hectares la superficie de cette villa qui employait 500 personnes. Une vaste cour semi-circulaire bordée de portiques menait à une cour intérieure et aux appartements du maître dotés de bains privés. Les bâtiments agricoles et les ateliers artisanaux étaient à l'écart.

ROME		LA GAULE DANS L'EMPIRE ROMAIN	
387 av. J.-C.	Sac de Rome par les Gaulois.	125-118 av. J.-C.	Rome occupe la Gaule transalpine et crée la Narbonnaise.
		61 av. J.-C.	Les Germains envahissent la Gaule et menacent Rome.
59 av. J.-C.	Consulat de Jules César.	58-51 av. J.-C.	Conquête de la Gaule par Jules César.
		49 av. J.-C.	Marseille est prise par les Romains. Fondation d'Arles (46) et de Lyon (43).
44 av. J.-C.	Assassinat de César lors des Ides de Mars.		
27 av. J.-C.	Octave prend le titre d'Auguste. Fin de la République.		
27 av. J.-C.	**Début du Haut-Empire.**	**27 av. J.-C.**	**Organisation administrative de la Gaule.**
		177	Persécution et martyre à Lyon de Pothin et de Blandine.
212	Édit de Caracalla donnant droit de cité à tous les hommes libres de l'Empire.		
235-285	Période d'anarchie. L'Empire est déchiré par des guerres civiles; 26 généraux se succèdent comme empereurs.	255-260	Invasion des Francs et des Alamans.
		260-273	La Gaule est dotée d'un Empereur provincial.
270-275	Aurélien reforme l'unité de l'Empire.		
284-305	**Début du Bas-Empire.**	276	Nouvelle invasion des Francs et des Alamans.
293	Réforme de l'Empire. Deux Augustes et deux Césars se partagent le gouvernement de l'empire d'Orient et de l'empire d'Occident.		
		297	Réorganisation administrative de la Gaule (quatorze provinces et deux diocèses).
330	Byzance devient la capitale chrétienne de l'Empire sous le nom de Constantinople.		
391	Le christianisme devient religion d'état.	352	Installation des Francs et des Alamans à l'ouest du Rhin.
395	Partage définitif de l'Empire romain entre l'Orient et l'Occident.		
		406	Grande Invasion des Vandales, des Burgondes et des Suèves.

La chevauchée d'Attila

« Les Huns arrivent ! » Ce cri de terreur, que de fois a-t-il retenti aux IVᵉ et Vᵉ siècles dans l'Empire romain.

Hordes sauvages composées de cavaliers infatigables et d'archers habiles, les Huns quittent, pour des raisons mal connues, leurs steppes d'Asie centrale et se heurtent, dès 370, aux Germains : l'Empire ostrogoth est détruit, les Wisigoths ne leur échappent qu'en se déplaçant vers le sud; en 405 la cour itinérante de Mundziuch, roi des Huns, est signalée dans la plaine hongroise.

Attila, fléau de Dieu

Devenu roi en 434, son fils Attila réussit à unifier les différentes tribus hunniques ainsi que les nombreuses peuplades germaniques et iraniennes placées sous son autorité. C'est un guerrier accompli, un fin politique, d'une cruauté implacable à l'égard de ses adversaires, ce qui lui vaut le surnom de « fléau de Dieu ».

Jusqu'en 449, il menace continuellement de ses raids l'empire d'Orient et ruine nombre de ses villes. Puis, délaissant les Balkans épuisés, il se jette brusquement sur l'Occident romain qui jusqu'alors avait su éviter tout accrochage avec les Huns. D'ailleurs Attila lui-même s'était lié d'amitié avec son futur adversaire le jeune Aetius.

L'invasion de l'Occident romain

A la tête d'une armée que la légende a énormément grossie, Attila franchit le Rhin à la hauteur de Mayence (450). Précédé par une réputation de terreur, il ravage la Gaule de l'est, détruisant successivement Metz, Reims et Troyes avant de descendre vers Paris. L'épouvante est telle que la population s'enfuit à la seule annonce de son approche. Pourtant, le courage et la persuasion d'une jeune fille, sainte Geneviève, empêchent les habitants de Lutèce de céder à la panique. Mais, délaissant cette cité, Attila préfère marcher sur Orléans qu'il assiège aussitôt. Pour sauver sa ville, l'évêque saint Aignan rejoint le maître de la milice romaine, Aetius, à Arles et le supplie d'intervenir. Celui-ci parvient à réunir sous son égide Francs, Burgondes et Alains. Bien plus, il obtient l'aide militaire du roi des Wisigoths, Théodoric Iᵉʳ. Cette armée romano-barbare sauve Orléans sur le point de tomber et force Attila à se replier vers le nord-est.

Poursuivi, celui-ci est amené à engager le combat près de Troyes, au Campus Mauriacus (451). La lutte est acharnée. Après plusieurs heures de mêlée furieuse, les Huns, bousculés par la cavalerie des Wisigoths, sont obligés de se replier derrière leurs chariots.

Les morts sont nombreux : parmi eux, le roi des Wisigoths. Son sacrifice n'a pas été vain. Son armée vient de sauver la Gaule.

La fin de l'Empire hunnique

Vaincu, mais encore redoutable, Attila préfère battre en retraite. Il regagne le Rhin sans être inquiété. L'année suivante, le chef hunnique entreprend un second raid, sur l'Italie cette fois. Après avoir dévasté la plaine du Pô, il marche sur Rome. La panique est générale. Mais grâce à une négociation coûteuse, le pape Léon le Grand parvient à le persuader d'évacuer la péninsule. Peu après, Attila meurt brusquement (453). Son empire ne lui survivra pas.

▲
Un cavalier alaman, portant la longue lance et l'épée en fer.

Les Huns, qui aux IVᵉ et Vᵉ siècles envahirent l'Europe, devaient ressembler à ce cavalier mongol. Petits de taille, le nez épaté, les yeux bridés, ils étaient des cavaliers infatigables et des archers habiles.
▼

Portrait d'Attila

... Il s'avançait fièrement et laissait ses regards errer çà et là, tandis que l'empreinte du sentiment de sa puissance donnait à tout son corps sa raideur; il aimait la guerre, mais il savait s'imposer des temps d'arrêt; impérieux dans le conseil, ne reculant pas devant la violence, il prêtait pourtant l'oreille aux supplications... de petite stature, large de poitrine, tête puissante, yeux fendus, barbe rare et grise, nez plat, teint foncé, tout en lui marquait l'origine hunnique... Lors des banquets, seul Attila se servait d'une assiette en bois et ne mangeait que de la viande. Sa coupe aussi était en bois... La même simplicité caractérisait son costume...

PRISCUS

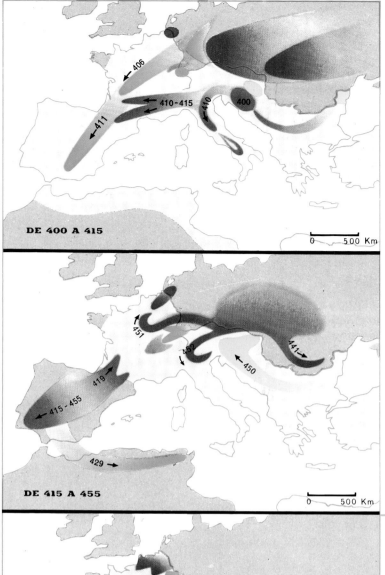

DE 400 A 415

0   500 Km

DE 415 A 455

0   500 Km

APRÈS 455

0   500 Km

UN MOUVEMENT GÉNÉRAL DES PEUPLES
(IVe-VIIe siècles)

Pour éclairer cette période aussi longue que confuse, chaque peuple a été symbolisé par une couleur et pour suivre son trajet il suffit de lire les trois cartes en regard de haut en bas.

Tout commence avec l'avancée des ■ **Huns,** peuplades nomades et guerrières qui, parties des steppes asiatiques, se fixent dans la grande plaine hongroise au IVe siècle. A partir de là, ils ravagent la Grèce, l'Illyrie et l'Italie : chacune de leurs percées provoque, par riccochet, un déplacement des peuples qu'ils délogent :

■ **Les Vandales** traversent la Gaule dans les dix premières années du Ve siècle puis constituent à partir de 410 en Espagne un royaume indépendant. En 439, ils sont à leur tour chassés d'Espagne et passent alors en Afrique jusqu'en Tunisie d'où, durant un siècle, ils vont dominer la Méditerranée occidentale.

■ **Les Wisigoths,** d'abord fixés par les Romains en Illyrie, à titre de PEUPLE FÉDÉRÉ, s'emparent de Rome en 410, puis s'installent en Gaule du Sud et fondent, de la Loire au sud de l'Espagne, un royaume barbare.

■ **Les Ostrogoths,** établis en Illyrie après 450, gagnent ensuite l'Italie où ils créeront au VIe siècle un royaume barbare.

■ **Les Burgondes,** harcelés par ■ **les Alamans,** s'installent en Savoie puis jusqu'à la vallée de la Durance et au Massif Central.

■ **Les Francs,** basés entre Escaut et Rhin et composés de deux grands groupes sont d'abord les alliés de Rome puis commencent, après 450, leur progression vers le sud de la France.

Les Angles, les Saxons et **les Jutes** fixés au nord de l'embouchure du Rhin envahissent l'Angleterre actuelle d'où partent les Bretons qui viendront conquérir l'Armorique et donner son nom à la Bretagne actuelle.

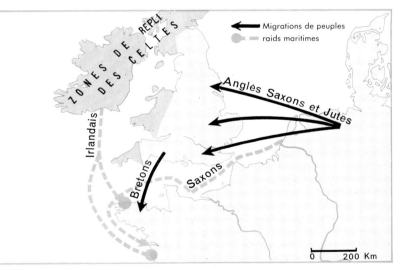

→ Migrations de peuples
●--- raids maritimes

LES HUNS VUS PAR LEURS CONTEMPORAINS

Les Huns dépassent en férocité et en barbarie tout ce qu'on peut imaginer. Ils labourent de cicatrices les joues de leurs enfants pour empêcher la barbe de pousser. Ils ont le corps trapu, les membres robustes, la nuque épaisse; leurs carrures les rendent effrayants. On dirait des animaux bipèdes ou de ces figures mal dégrossies en forme de troncs qui bordent les parapets des ponts... Les Huns ne cuisent ni assaisonnent ce qu'ils mangent; ils ne se nourrissent que de racines sauvages ou de la chair crue du premier animal venu qu'ils réchauffent quelque temps, sur le dos de leur cheval, entre leurs cuisses. Ils n'ont pas d'abri... On les dirait cloués sur leurs chevaux qui sont laids mais vigoureux. C'est sur leur dos que les Huns vaquent à toute espèce de soin, assis quelquefois à la manière des femmes. A cheval jour et nuit, c'est de là qu'ils négocient les achats et les ventes. Ils ne mettent pied à terre ni pour manger ni pour boire; ils dorment inclinés sur le maigre cou de leur monture, où ils rêvent tout à leur aise...

Amien MARCELLIN, *Res Gestae* (XXXI, 2)

La demeure particulière d'Attila occupait le sommet d'une éminence; elle était faite de planches plus soigneusement aplanies que celles des autres habitations; une palissade flanquée de tours de bois entourait le domaine... A côté, il y avait un bâtiment en pierres; c'était les bains.

Une vie fort animée se déroulait dans cette résidence. Lorsque le souverain y entrait, il était accueilli par un chœur de jeunes filles chantant des hymnes hunniques.

...Sa propre épouse, Kréka, habitait une maison particulière à l'intérieur de la palissade entourant la demeure d'Attila. C'est là qu'étendue sur des couvertures moelleuses elle reçut les présents offerts par l'ambassade...

Lors d'un banquet deux chanteurs parurent devant Attila et ils récitèrent des chants barbares qu'ils avaient composés, où ils célébraient ses victoires et ses vertus guerrières.

PRISCUS (ambassadeur byzantin à la cour d'Attila en 449)

1

2

3

4

5

7

6

8

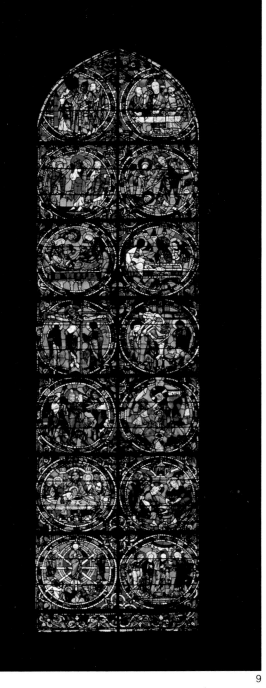

9

LE MOYEN AGE

Entre la chute de l'Empire romain, au ve siècle, et la Renaissance, dix siècles s'écoulent. Cette très longue période, le Moyen Age, se subdivise en deux parties.

Le haut Moyen Age au cours duquel la civilisation romaine s'efface progressivement pour faire place à une civilisation germano-romaine. L'unité territoriale disparaît et des principautés, des duchés et des comtés s'y substituent. Les invasions et les guerres de toutes sortes font des grands propriétaires ruraux des chefs militaires qui s'appuient sur les chevaliers qui leur ont juré obéissance.

Le bas Moyen Age commence aux environs de l'an mil. Les liens d'homme à homme deviennent plus serrés et créent la FÉODALITÉ. C'est une période de prospérité économique et d'essor démographique. Dans ce contexte le pape appelle les chevaliers à délivrer les Lieux saints tombés aux mains des musulmans.

Les croisades durent deux siècles et sont, sur le plan militaire, un échec, mais elles ont permis un réel affermissement de l'économie, un développement des arts et une transformation des modes de vie.

La guerre de Cent Ans, qui oppose dans des épisodes sanglants le royaume de France au royaume d'Angleterre, va permettre la naissance de l'idée de nation que Jeanne d'Arc incarnera.

◄ *Les paysans, très nombreux au Moyen Age, se partageaient entre serfs (3) et paysans libres (5). Les seigneurs vivaient dans des châteaux (6) fortifiés pour repousser les ennemis (1). Après avoir été armés chevaliers (4) les seigneurs se consacraient à la guerre et, en temps de paix, aux tournois (8). L'essor des villes et du commerce (2) se doublait d'un grand élan religieux qui permit l'édification de cathédrales, telle celle de Chartres (7 - 9).*

Le baptême de Clovis

Après la chute de l'empire romain d'Occident (476), la Gaule romaine connaît une nouvelle invasion : celle des Francs.

En un peu moins d'un siècle, Clovis (481-511) et ses fils vont étendre leur domination à l'ensemble de la Gaule et à une grande partie de la Germanie.

Les Francs, divisés en deux groupes, les Saliens sur le Rhin inférieur (Hollande) et les Ripuaires (région de Cologne), sont au IVᵉ siècle les alliés et les soldats de Rome qui les installe dans le nord-ouest de la Belgique et en Rhénanie.

Les plus actifs d'entre eux, les Saliens, profitent des désordres engendrés par la Grande Invasion de 406 pour progresser lentement vers le sud, colonisant la Belgique et le nord de la France jusqu'à la vallée de la Somme, avec Tournai pour capitale. Leur prince Childéric continue malgré tout de servir fidèlement les armées romaines et mène en leur nom plusieurs expéditions dans la vallée de la Loire.

La conquête franque

A sa mort (481), son fils Clovis lui succède. La Gaule est alors divisée entre les royaumes franc au nord, alaman à l'est, burgonde au sud-est, et le grand état wisigothique au sud de la Loire. Entre Somme et Loire subsiste un lambeau de royaume gallo-romain aux mains de Syagrius, fils et successeur d'Aegedius, le maître de la milice romaine, qui perpétue à son avantage l'empire disloqué.

A la suite d'un coup de force, Clovis s'empare en 486 de la « capitale » de ce dernier, Soissons, dont il fait sa résidence, et devient maître de tout le pays jusqu'à la Loire. Ce qui reste de l'armée romaine passe à son service et lui-même décide, peu après, de fixer à Paris le centre de son nouveau pouvoir. Vers 496, il apporte son soutien aux Ripuaires, attaqués par les Alamans, puis détrône à son profit leurs rois successifs.

Païen, il a la suprême habileté de se convertir au catholicisme et bénéficie ainsi de l'appui des évêques et de la masse de ses sujets gallo-romains.

Fort du soutien de l'Église et de l'aristocratie gallo-romaine, qui voient désormais en lui le seul roi légitime des Barbares, Clovis fait alors la guerre contre les Burgondes, échoue et, peu après, noue une alliance avec eux contre les Wisigoths d'Alaric II, qu'il écrase en 507 à Vouillé, près de Poitiers. Il annexe tous les pays entre Loire et Pyrénées, à l'exception de la côte méditerranéenne demeurée avec l'Es-

◄ *Les différentes étapes de la conquête franque sous le règne de Clovis et de ses descendants.*

Bretons

Situation des Francs vers 490

Conquête de Clovis

Conquête des fils de Clovis

C'est en 496, ou 498, que Clovis reçut le ► *baptême à Reims avec 3 000 de ses guerriers.*
Nous savons, par l'Histoire des Francs, écrite un siècle plus tard par Grégoire de Tours, que Clovis, depuis longtemps exhorté par la reine Clotilde à abandonner les idoles, prit sa décision lors d'une grande bataille qu'il livrait sans grand espoir à ses ennemis, les Alamans. Victorieux, il dit avoir obtenu la victoire en invoquant le nom du Christ. Saint Rémi en le baptisant lui adressa la parole en ces termes éloquents : « Courbe humblement la tête, sicambre; adore ce que tu as brûlé, brûle ce que tu as adoré ».

Édifiée au début du VIIᵉ siècle sous le règne de Dagobert, la crypte de Jouarre est l'un des rares monuments mérovingiens visibles encore aujourd'hui. Sa voûte est soutenue par des colonnes en marbre de diverses couleurs.
▼

pagne aux mains des Wisigoths. Suprême consécration, il reçoit même de l'empereur d'Orient, à titre honorifique, la dignité de consul. A sa mort, son royaume couvre les trois quarts de la Gaule.

Ses quatre fils, qui se sont partagé son royaume, poursuivront son œuvre en occupant successivement le royaume burgonde (534), la Provence tenue alors par les Ostrogoths d'Italie (536), et la majeure partie de l'Allemagne du Sud. Au milieu du VIe siècle, leur royaume forme l'ensemble territorial le plus puissant de l'Europe occidentale.

La fusion entre Romains et Barbares

Avec la dynastie mérovingienne — ainsi appelle-t-on du nom d'un ancêtre, Mérovée, les rois francs issus de Clovis — apparaît un nouveau régime politique. La conquête de la Gaule a fait du chef militaire à la tête de ses troupes un souverain : le roi des Francs (REX FRANCORUM) qui exerce une autorité absolue sur tous ses sujets, et considère son royaume et donc ses revenus comme un bien privé qu'il partage à son gré entre ses fils. Sa cour est copiée sur le modèle impérial avec des palais, sortes de campements itinérants où vivent les membres de son aristocratie qui s'occupent de son écurie (connétable), de sa table, de son tribunal, de ses valets (SÉNÉCHAL) ou de son trésor.

Des préceptes et des édits sont rédigés en latin en reprenant les formules impériales; chaque peuple a sa loi : loi salique pour les Francs, loi Gombette pour les Burgondes, CODE Euric pour les Wisigoths. Un maire du palais contrôle les intendants royaux qui doivent suffire à l'entretien du roi et de l'aristocratie, car l'impôt n'est plus payé. Très vite le roi, pour récompenser ceux qui le soutiennent, leur accorde des privilèges

et des terres dont ils ont la jouissance des revenus durant leur vie.

Sur le plan local, le roi est représenté par le COMTE, qui exerce en son nom tous les pouvoirs et, en particulier, convoque chaque printemps les hommes libres pour la guerre.

L'Église, héritière de la culture latine, contribue à réaliser la fusion entre les divers peuples de la Gaule et à édifier une culture commune. L'essor des monastères, encouragé par les rois francs, facilite l'évangélisation de régions demeurées encore païennes.

L'unité franque menacée

Les multiples partages entre les fils de Clovis et leurs descendants sont la cause de terribles guerres fratricides qui renforcent l'opposition entre les royaumes de l'Est (Austrasie) et ceux de l'Ouest (Neustrie), tandis qu'au sud de la Loire, les terres de civilisation romaine (Aquitaine, Burgondie, Provence) tendent à se détacher de l'influence franque. A deux reprises, sous Clotaire Ier (558-561) et sous Clotaire II et son fils Dagobert (613-639), les terres franques seront regroupées sous un même roi.

Après Dagobert, la dynastie mérovingienne n'est dirigée que par des princes faibles, malades ou déséquilibrés, longtemps désignés par les termes de ROIS FAINÉANTS. Ceux-ci abandonnent leur autorité aux maires du palais, qui réussissent à rendre leurs charges héréditaires, tandis que le pouvoir local de l'aristocratie grandit.

L'anarchie s'instaure et aboutit à l'émiettement du royaume.

C'est une grande famille, originaire d'Austrasie, qui à la fin du VIIe siècle entreprendra de refaire l'unité franque : les Pippinides, ancêtres des Carolingiens.

Cette épingle à cheveux incrustée de pierres de couleur a été retrouvée dans une tombe mérovingienne. En dépit d'un outillage rudimentaire, les artisans savaient à l'époque barbare juxtaposer, grâce à un délicat travail de forge, des métaux de nature et de nuances différentes. Au VIIe siècle, le plus célèbre des orfèvres de Gaule était l'évêque Eloi qui devint le saint patron de cette confrérie.

▼

Un roi au nom très familier, dont la vie et même le règne sont mal connus.

Dagobert, né vers 609, est associé vers 623 par son père à la royauté : il gouverne la partie orientale de l'Austrasie dont les villes principales sont Metz, Trêves et Cologne. A la mort de Clotaire II (629), il réussit à reconstituer à son profit l'unité du royaume franc. Entouré d'habiles conseillers, Didier son trésorier et les futurs saint Amand, saint Ouen et saint Éloi, il tient, aux dires des chroniqueurs, une cour fastueuse. Dagobert soumet les Gascons révoltés, obtient des Bretons la reconnaissance de son autorité et intervient, en Espagne, dans les affaires wisigothiques. Il conclut un traité d'amitié avec Byzance et tente de contenir la poussée slave à l'est. Il rabaisse son aristocratie, sait tirer parti de l'essor de l'Église et favorise la fondation de nombreux monastères. Cédant à la pression de l'aristocratie austrasienne, il lui donne pour roi son fils Sigebert (634). A sa mort (639), la Neustrie et la Bourgogne iront à son second fils Clovis II.

Le bon roi Da—go—bert   A—vait sa cu-lotte à l'en-

Le choc de deux mondes : Poitiers

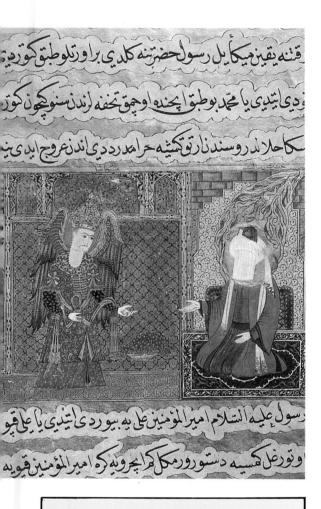

Surgie des sables de la Péninsule Arabique, une nouvelle puissance — l'islam — fait son apparition en Europe au début du VIIIe siècle. Son avancée est fulgurante : en 718, les troupes arabes — SARRASINES disait-on alors — franchissent les Pyrénées, occupent Narbonne, Nîmes, Carcassonne. De là sont organisés de grands raids sur la Gaule. De petites bandes armées remontent la vallée du Rhône jusqu'au cœur de la Bourgogne. Nombreuses sont les villes pillées. L'absence de résistance et l'importance du butin rapporté incitent les Sarrasins à renouveler ces expéditions.

Les premiers Carolingiens

Le danger est d'autant plus grand que le royaume franc est aux prises avec des révoltes intérieures depuis la mort de Pépin d'Héristal (714). Maire du palais d'Austrasie depuis 679, puis de Neustrie après la défaite de ses rivaux en 687, Pépin gouvernait alors pratiquement le pays avec le titre de « prince des Francs », tout en laissant régner les Mérovingiens. Sa mort provoque de nouveaux troubles dont son énergique bâtard, Charles Martel, vient à bout. Celui-ci réussit au bout de six années de luttes à abattre ses rivaux et, en s'imposant à son tour comme « prince des Francs », à préparer l'unité du royaume.

Il est en train de mater des révoltes au nord et à l'est du Rhin quand le péril musulman soudainement se précise. Une expédition dirigée par l'émir d'Espagne Abd er-Râhman, vient d'entrer en Aquitaine par le col de Roncevaux. Après avoir franchi la Garonne et la Dordogne, elle s'avance en direction de Tours, ville sacrée de la Gaule chrétienne, après avoir, au passage, pillé Bordeaux et écrasé les armées du duc d'Aquitaine.

Pour parer au danger, Charles Martel accourt et défait les troupes sarrasines à Poitiers (732). Vainqueur, il apparaît comme le soldat du Christ et le défenseur de la chrétienté, même s'il a largement dépouillé l'Église de ses terres pour les distribuer à ses fidèles, issus pour la plupart de l'aristocratie austrasienne. Sachant exploiter sa victoire, Charles obtient la soumission du duc d'Aquitaine et rétablit non sans peine l'autorité franque en Bourgogne et en Provence; seul le bas Languedoc, demeuré aux mains des Arabes, lui échappe malgré plusieurs expéditions.

En même temps, il noue des relations avec le pape et accorde son soutien aux missionnaires anglo-saxons, œuvrant en

MAHOMET

Né en 571 à la Mekke, petite cité marchande de la péninsule d'Arabie, Mahomet est le fondateur de l'islam, mot qui signifie abandon à Dieu, à la volonté de Dieu. Orphelin dès son plus jeune âge, il sera berger, puis conducteur de caravanes. Après son mariage avec une riche veuve, Khadidja, il mènera une vie de commerçant aisé et s'adonnera à la méditation.

Lors de ses voyages de caravanier, il avait connu des marchands juifs et chrétiens, adeptes de religions fondées toutes deux sur la croyance en un dieu unique.

Vers l'âge de quarante ans, il a de nombreuses visions : l'archange Gabriel lui révèle la Parole divine et lui ordonne de la prêcher aux Arabes (612). Encouragé par sa femme, par son cousin Ali et déjà par quelques disciples, il tente vainement d'amener ses concitoyens à Allah, le dieu unique.

Les Mekkois s'opposent rapidement à lui, car la nouvelle religion suppose l'abandon des anciennes idoles et du sanctuaire de la cité, source de pèlerinage et d'enrichissement. Menacé dans sa vie, il fuit à Médine, la cité rivale, le 16 juillet 622. Cette fuite, l'Hégire, est prise pour point de départ du calendrier musulman. A Médine, il unifie sous son autorité les différentes tribus, organise la nouvelle religion et prêche le JIHAD, la guerre sainte contre les infidèles. Après huit ans de combats et de négociations, Mahomet triomphe : la Mekke se rallie à lui et devient le lieu saint de la nouvelle religion.

▶ Vue intérieure de la mosquée de Cordoue (Espagne). Construite à la fin du VIIIe siècle et agrandie par la suite, c'était alors une des plus vastes mosquées de l'Occident musulman.

Ses 850 colonnes sur lesquelles reposent des arcs doubles superposés forment une véritable forêt de marbre et de pierres diverses.

◀ Mahomet, dont le visage voilé est entouré d'une flamme, écoute la révélation que lui transmet l'archange Gabriel.

Toutes les parties importantes des mosquées ou des palais comme celui de l'Alhambra à Grenade (Espagne) sont revêtues d'une décoration ajourée en stuc.
▼

▶ Cavaliers francs portant cotte de maille et casque romain.

Une architecture conçue pour le plaisir de vivre : les jardins du Généralife à Grenade.
▼

Germanie. Son autorité est telle qu'il se permet à la mort du roi mérovingien Thierri IV (737) de laisser le trône vacant. Il n'ose toujours pas prendre le titre royal, mais néanmoins dispose du royaume souverainement, au point de le partager à sa mort (741) entre ses deux fils Carloman et Pépin le Bref.

La royauté de droit divin

Confrontés à des soulèvements qui éclatent aussitôt contre eux, les deux frères jugent plus prudent de rétablir la royauté au profit du mérovingien Childéric III (743). Carloman s'étant retiré dans un couvent, Pépin se retrouve quatre ans plus tard seul maître du royaume. Il procède à la réforme de l'Église des Gaules, en réglant le problème des confiscations des terres ecclésiastiques par le versement d'un CENS. Aussi, fort de l'appui du pape, il dépose le dernier Mérovingien pour incapacité et se fait proclamer roi des Francs en 751. Nouveauté, il se fait sacrer avec de l'huile sainte à Soissons par les évêques conduits par saint Boniface. Deux ans et demi plus tard, le

pape, venu implorer son secours contre les Lombards, le sacre en personne une seconde fois dans la basilique de Saint-Denis avec ses deux fils Charles et Carloman. La monarchie de droit divin vient de naître. D'usurpateurs, Pépin le Bref et ses successeurs deviennent les OINTS DU SEIGNEUR, rois par la volonté de Dieu.

Soutenu désormais par l'Église, Pépin entreprend la conquête de la Saxe. Il chasse également les Arabes de la Septimanie (Languedoc) où ils étaient encore établis, avant de rattacher à son royaume l'Aquitaine (760-768). A sa mort, il laisse un royaume fortement agrandi et soutenu par la papauté. La voie est tracée pour son fils et successeur Charlemagne.

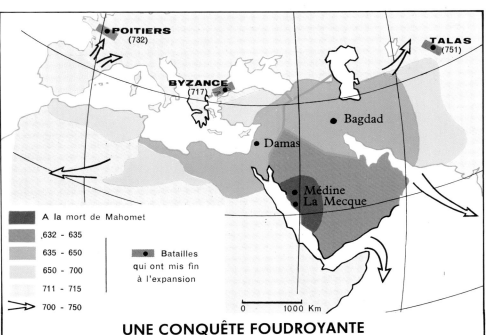

UNE CONQUÊTE FOUDROYANTE

Commencée du vivant de Mahomet, la conquête musulmane se poursuivra jusqu'au milieu du VIIIe siècle. Elle a d'abord été le seul fait des Arabes. Mais très vite, des contingents levés parmi les peuples conquis se sont joints à eux.

La conquête n'a jamais été « ordonnée » par le Coran, et encore moins par le Prophète ou ses successeurs. Elle repose sur des initiatives individuelles et c'est le succès seul qui a entraîné d'autres conquêtes.

A peine achevée l'unification de l'Arabie, les musulmans s'attaquent aussitôt à leurs puissants voisins. La première expansion militaire est fulgurante : en vingt ans (632-651) tout

l'Empire perse est annexé, l'Empire byzantin perd la Syrie et l'Égypte.

Un moment interrompue par des querelles politiques, la conquête reprend à partir de 690. A l'ouest, elle submerge toute l'Afrique du Nord, puis l'Espagne arrachée aux Wisigoths (714). A l'est, le Turkestan et la région de l'Indus sont soumis. Puis commencent les revers : les musulmans échouent devant Constantinople (718), au-delà des Pyrénées devant Poitiers (732), enfin en Asie centrale sur le Talas, face aux Chinois (751).

Les conquêtes suivantes seront plus ponctuelles et moins durables. La Crète est occupée un temps; la Sicile le sera plus longuement après 830.

Charlemagne et son empire

Seul maître des Francs en 771, à la mort de son frère Carloman, Charles Ier le Grand (Carolus Magnus) est le souverain le plus prestigieux de la dynastie carolingienne. En quarante-trois ans de règne il a su étendre son royaume à la plus grande partie de l'Europe actuelle et il a pris finalement le titre d'empereur.

Grand conquérant, sage administrateur, défenseur de la foi chrétienne, restaurateur de l'empire, Charlemagne est entré dans la légende dès le Moyen Age.

Pour protéger les frontières du royaume, il sera amené à lancer de nombreuses expéditions :

Il conquiert sans difficultés le royaume lombard d'Italie dont il prend aussitôt la couronne (774).

Quatre ans plus tard, il organise une grande expédition qui échoue contre les musulmans d'Espagne; sur le chemin du retour son arrière-garde, commandée par le comte Roland, est massacrée par des montagnards basques. Cette défaite est à l'origine de la fameuse CHANSON DE GESTE la « Chanson de Roland ». Il lui faudra attendre le début du IXe siècle pour réussir à constituer, des Pyrénées jusqu'à l'embouchure de l'Ebre, la MARCHE d'Espagne (Catalogne).

Dès le début de son règne il avait entrepris la conquête de la Saxe païenne qui menaçait directement les frontières de l'Austrasie. Il se heurte là à une résistance opiniâtre et il lui faudra trente-trois années de luttes pour parvenir à soumettre et à convertir les Saxons, et à étendre le royaume franc jusqu'à l'Elbe.

Il annexe également la Bavière (788) et établit la domination franque en Autriche et en Hongrie occidentale (795) après avoir défait les nomades Avars.

L'empereur d'Occident

Jamais, depuis l'Empire romain, un souverain n'avait gouverné un ensemble territorial aussi vaste. Son prestige est encore accru lorsque, le 25 décembre 800, le pape Léon III le couronne empereur, en présence d'une foule immense, dans la basilique Saint-Pierre de Rome. Son rayonnement est tel que même le calife des infidèles, Harun al-Rachid, échange avec lui des ambassadeurs. Seule Byzance, qui se considère toujours comme unique héritière de l'Empire romain, conteste à Charlemagne son titre.

Le nouvel empire, cependant, n'a rien de commun avec celui de Rome : l'autorité de Charlemagne s'exerce sur un agglomérat de royaumes et de peuples aux langues, aux mœurs et aux lois différentes. Le seul ciment est l'Église.

L'administration demeure rudimentaire en dépit de ses efforts constants. Charlemagne gouverne à partir de sa nouvelle capitale, Aix-la-Chapelle, dont il fait, dès 795, sa résidence principale. Il voyage beaucoup suivi de sa cour, inspecte ses nombreux domaines, organise lui-même son empire qu'il a divisé en trois cents

S'inspirant des manuscrits irlandais et anglo-saxons, certains monastères mettent au point sous le règne de Charlemagne une nouvelle écriture, la minuscule caroline. Claire, lisible et facilement utilisable, elle remplace progressivement l'écriture mérovingienne dite onciale, en lettres capitales, difficile à lire.

La minuscule caroline dont est issue notre écriture, sera utilisée jusqu'au XIIIe siècle.

Des ateliers d'orfèvres ornent les reliures des manuscrits de feuilles d'or et d'argent finement ciselées et incrustées de pierres précieuses comme cette superbe bible offerte à un prince carolingien. ▶

comtés appelés PAGI en Francie occidentale et GAU en Germanie.

Dans son palais il organise quelques services chargés de recevoir les demandes des évêques et comtes qui le représentent au niveau local, et de rédiger en retour les réponses du souverain.

Les décisions, prises lors de l'assemblée annuelle du Champ de Mai, où se regroupent tous les hommes libres, sont proclamées et rédigées sous forme de CAPITULAIRES; elles sont valables pour tout l'empire et chaque comte doit les faire exécuter. Les comtes choisis par l'empereur parmi les membres de l'aristocratie franque lui sont liés par un serment de fidélité et reçoivent en échange des terres en BÉNÉFICES dont ils tirent leur vie durant des revenus.

Depuis 802 les comtes eux-mêmes sont contrôlés par des inspecteurs en mission, les MISSI DOMINICI (textuellement : les envoyés du maître), chargés de rendre compte à l'empereur des fautes ou des excès des administrateurs.

La renaissance carolingienne

Sous le sage gouvernement de Charlemagne, l'empire connaît la paix et l'ordre intérieur; il institue, en 794, la monnaie d'argent en remplacement de la monnaie d'or disparue depuis les Mérovingiens, et réserve le monopole de la frappe aux ateliers royaux. Les échanges, tombés au plus bas depuis le VIIIe siècle, commencent à renaître. Le grand commerce, aux mains de quelques colporteurs et de marchands professionnels, reste pourtant très faible. L'économie de troc est encore prédominante et la principale source de richesse reste le grand domaine agricole (villa).

La paix carolingienne permet également un renouveau des études. Frappé par l'oubli du latin et l'ignorance du clergé, Charlemagne ordonne aux évêques et aux monastères de créer des écoles dans chaque diocèse. En 813, un capitulaire institue les écoles primaires dans les paroisses rurales. L'empereur fait même venir à sa cour des maîtres étrangers : ainsi se constitue une école palatine dirigée à partir de 782 par l'anglo-saxon Alcuin.

La renaissance des études s'accompagne d'un immense effort pour multiplier les livres et bientôt chaque monastère a son atelier de moines copistes. Des bibliothèques importantes se constituent alors.

Les arts se développent : les livres sont ornés de miniatures et richement reliés; les églises et les palais se couvrent de marbre et de mosaïques, l'abbaye de Saint-Gall invente le chant grégorien.

Cette renaissance intellectuelle et artistique se poursuivra sous les successeurs de Charlemagne, en dépit des vicissitudes politiques.

LES ORDRES MONASTIQUES

L'idée d'une vie religieuse commune est prêchée par Benoît de Nursie, un noble italien retiré du monde, qui fonde, au début du VIe siècle, un monastère au sud de l'Italie. Il rédige pour ses moines une règle stricte fondée sur la pauvreté et la chasteté, le travail et la prière. C'est la Règle bénédictine, qui deviendra par la suite la base du MONACHISME de l'Occident médiéval.

Les fondations bénédictines se sont multipliées sous l'impulsion du pape Grégoire le Grand (ci-contre). Leur bonne gestion et leur organisation incitent les rois francs à favoriser leur implantation.

Devenus trop riches les monastères se détournent progressivement de la Règle bénédictine. De nouveaux ordres monastiques font alors leur apparition. Le plus célèbre est celui de Cluny en Bourgogne (910), contesté à son tour par l'ordre cistercien au début du XIIe siècle.

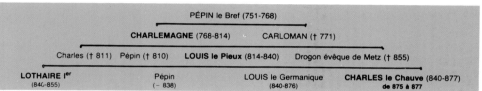

PÉPIN le Bref (751-768)			
CHARLEMAGNE (768-814)		CARLOMAN († 771)	
Charles († 811) Pépin († 810)	LOUIS le Pieux (814-840)	Drogon évêque de Metz († 855)	
LOTHAIRE Ier (840-855)	Pépin (– 838)	LOUIS le Germanique (840-876)	CHARLES le Chauve (840-877) de 875 à 877

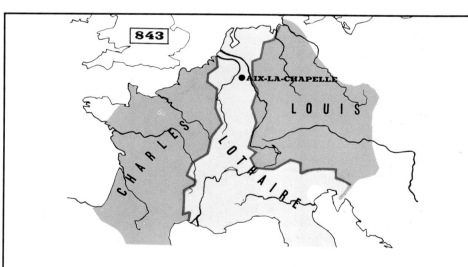

LE PARTAGE DE L'EMPIRE

Charlemagne meurt en ne laissant qu'un fils et héritier, Louis le Pieux; ce dernier, dès 817, décide de diviser son royaume entre ses fils. A sa mort en 840 l'aîné, Lothaire, porte le titre d'empereur et veut déposséder ses deux frères. Au bout de trois années de luttes les trois frères se partagent, par le traité de Verdun, les territoires de l'empire :
— Lothaire, détenteur du titre impérial, reçoit la Francie moyenne ou Lotharingie qui s'étend de la mer du Nord à la Méditerranée.
— Louis dit «le Germanique» reçoit à l'est du Rhin la Francie orientale.
— Charles dit «le Chauve» s'installe, à l'ouest de la Meuse et de la Saône, en Francie occidentale.
A la mort de Lothaire, divisions et luttes

fratricides reprennent de plus belle; or, dans le même temps, les invasions recommencent :
Au sud, les côtes de Provence sont ravagées par les Sarrasins venus d'Afrique du Nord.
A l'est, les Hongrois pénètrent jusqu'en Lorraine et en Bourgogne.
Le péril le plus grand apparaît à l'ouest où les raids maritimes des Scandinaves menacent les villes et les monastères... en 885 Paris est assiégée; le roi en est réduit à payer les envahisseurs normands pour qu'ils s'en aillent ou encore à confier la défense à des chefs locaux qui en profitent pour échapper à l'autorité royale puis créent de petits royaumes héréditaires et enfin élisent l'un d'entre eux, Hugues comte de Paris, roi (987).

La féodalité

Aux environs de l'an mil, le royaume était divisé en comtés et duchés.

La poupe d'un drakkar normand.

Au Xe siècle, les troubles provoqués par les invasions normandes, hongroises et sarrasines ont créé un état permanent d'insécurité. Exposée aux violences, aux désordres, aux brigandages et aux famines, la population vit dans la peur. Devant la faiblesse du pouvoir royal qui ne parvient plus à assurer la défense du pays, chacun se tourne vers celui qui, sur place, est suffisamment riche et puissant pour le défendre. En échange, il lui jure fidélité, se bat pour lui contre l'assaut d'un envahisseur ou l'avidité d'un seigneur voisin, accepte sa loi. Ces liens personnels d'homme à homme constituent la féodalité.

Les châteaux forts

Pour assurer la défense de leur domaine et des hommes qui se sont placés sous leur protection, les seigneurs font construire des maisons fortifiées où gens et bêtes peuvent se réfugier en cas de danger.

Les premiers châteaux forts sont de simples tours de bois élevées sur une hauteur naturelle ou sur une « motte » de terre artificielle. Un fossé et une palissade en bois entourent le donjon et le protègent d'une éventuelle attaque. Il faut à l'époque vingt jours de travail et une centaine de paysans pour édifier un tel château. Celui-ci, à partir du XIe siècle, devient pour le seigneur à la fois un refuge et le symbole de sa puissance et de son indépendance. Aussi ces constructions se multiplient-elles. Aux XIe et XIIe siècles, l'amélioration des techniques et surtout l'utilisation plus

L'hommage se fait par un geste rituel accompagné de paroles, elles aussi rituelles. Le vassal, tête nue et sans arme, s'agenouille devant son seigneur, et se « donne par les mains » c'est-à-dire qu'il joint ses mains et les tend au seigneur qui les ferme dans ses propres mains. Le seigneur demande au vassal s'il veut devenir son homme et celui-ci répond « je le veux ».

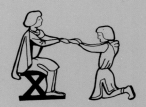

Puis le vassal engage sa foi en prononçant, debout, sa promesse.

Le seigneur pour l'entretien de son vassal lui concède alors un fief c'est-à-dire une terre dont les revenus vont au vassal sa vie durant.

LES NORMANDS

Marins accomplis, explorateurs intrépides et habiles constructeurs de bateaux, les Vikings quittèrent leurs pays d'origine (Danemark, Suède, Norvège) aux IXe et Xe siècles et débarquèrent un peu partout sur les côtes européennes, ravageant et pillant villes et monastères.

Les rois carolingiens, ne parvenant pas à les chasser, doivent accepter que certains d'entre eux se fixent sur le territoire qu'ils occupaient. Ainsi est née la Normandie, le pays des « hommes du Nord », donnée par Charles le Simple au Viking Rollon (911).

Rapidement le duché de Normandie devient un état puissant et les conquérants se convertissent et adoptent les mœurs et la langue des Francs sans pour autant perdre le goût de l'aventure : en 1066, une expédition, dirigée par Guillaume le Conquérant, se rend maître de l'Angleterre, d'autres expéditions permettent la création, en Italie du sud et en Sicile, d'un important royaume longtemps réputé pour sa richesse et sa tolérance.

grande de la pierre font de ces constructions de véritables forteresses.

Le contrat féodal

A la fin du xe siècle presque tous les propriétaires et seigneurs fonciers se trouvent engagés dans des liens de fidélité personnelle à l'égard d'un ou plusieurs personnages plus puissants qu'eux. Entre le seigneur, le SUZERAIN, et son VASSAL se créent des obligations réciproques :

Le seigneur assure à son vassal protection, justice et conservation de son FIEF.

Le vassal doit à son seigneur conseil, service armé (les vassaux étant des hommes libres combattent généralement à cheval et forment la chevalerie), aide lorsqu'il marie sa fille aînée, lorsqu'il arme chevalier son fils aîné, lorsqu'il est captif.

Ce contrat moral ne cesse qu'à la mort d'un des deux contractants ou si l'un des deux est déclaré infidèle à son devoir.

Une société très hiérarchisée

Dans la société féodale chaque homme occupe une place bien définie et ne peut dépasser sa fonction. Aussi la société est-elle divisée en trois grands groupes :

Ceux qui combattent, c'est-à-dire les CHEVALIERS; ils forment la CASTE dominante, ils ont la charge de défendre les hommes et d'assurer les biens.

Ceux qui travaillent, c'est-à-dire la grande majorité des paysans, doivent fournir nourriture, eau, bois au seigneur, soit directement, soit par le biais des CORVÉES.

Ceux qui prient forment un groupe social nombreux qui se subdivise en moines et prêtres. Les évêques peuvent être également des seigneurs.

◄ *Longue de 70 mètres, large de 0,50 mètre, la tapisserie de Bayeux, exécutée entre 1066 et 1077, conte en 72 scènes successives la conquête de l'Angleterre par Guillaume le Conquérant.*

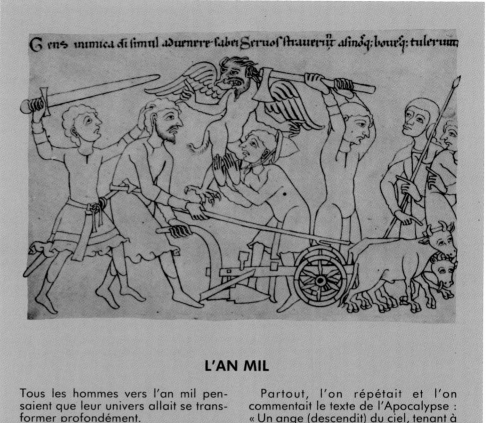

L'AN MIL

Tous les hommes vers l'an mil pensaient que leur univers allait se transformer profondément.
Beaucoup, frappés par le chiffre même, craignaient la fin du monde et d'épouvantables malheurs. On relata à ce moment-là dans les textes beaucoup d'événements surnaturels : « En ces temps-là se montrèrent dans les astres, des sécheresses désastreuses, des pluies excessives, des épidémies, des famines épouvantables, de nombreuses éclipses de soleil et de lune...

Partout, l'on répétait et l'on commentait le texte de l'Apocalypse : « Un ange (descendit) du ciel, tenant à la main la clef de l'abîme, ainsi que l'énorme chaîne. Il maîtrisa le Dragon, l'antique Serpent-Satan et l'enchaîna pour mille années. Les mille ans écoulés, Satan, relâché de sa prison, s'en ira séduire les nations des quatre coins de la terre, Gog et Magog, et les rassembler par la guerre, aussi nombreux que le sable de la mer... »

G. DUBY *L'An Mil*

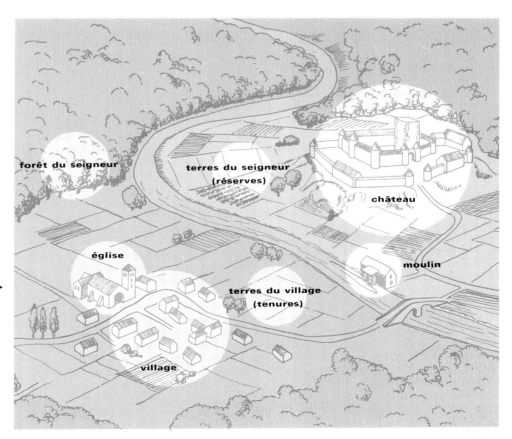

Une seigneurie médiévale reconstituée. Une ►
partie des terres était réservée au seigneur et formait son domaine (la réserve). Le reste était partagé entre les paysans libres (vilains) et les paysans non libres (serfs) qui cultivaient les terres du seigneur. Les paysans devaient payer au seigneur de nombreuses redevances et étaient astreints à des corvées (entretien des fossés et des murailles du château, par exemple).

C'est à partir du château que s'exerçait le pouvoir du seigneur et qu'il rendait la justice.

Les croisades

Danseuse tenant à la main des clochettes (enluminure).

L'AMOUR COURTOIS

Les croisades et les contacts avec la civilisation de l'islam ont progressivement adouci les mœurs des chevaliers souvent durs, violents et cruels. Au château, le goût de mieux vivre apparaît. La nourriture s'affine et donne une plus grande part aux fruits et aux épices. Les vêtements deviennent plus raffinés. Le goût de la parure se généralise. Le mépris des lettres, propre aux seigneurs des Xᵉ et XIᵉ siècles, s'atténue. Au XIIᵉ siècle, le chevalier est souvent avide de distractions littéraires et de poésie.

Au nord, dans le domaine de la langue d'oïl, les TROUVÈRES content les exploits des chevaliers dans des CHANSONS DE GESTE. Au sud de la Loire, en pays de langue d'oc, les TROUBADOURS chantent l'amour et le respect de la femme. Ainsi est né, à la cour d'Aliénor d'Aquitaine, l'amour courtois : le chevalier fait « hommage » à sa « dame » de son amour et lui voue la même fidélité qu'un vassal à son suzerain.

Au début du XIᵉ siècle, les Turcs Seldjoukides, population nomade du nord de l'Iran récemment convertie à l'islam, s'emparent de Jérusalem aux mains des Arabes depuis 637. Bientôt, une rumeur se répand au sein de la chrétienté occidentale : les pèlerins ne pourraient plus se rendre librement, comme par le passé, en Terre Sainte et seraient persécutés. Des récits, plus ou moins imaginaires, font part de massacres. L'émotion est grande car le sentiment religieux est alors très vif. Soucieuse de défendre son empire, Byzance demande aide au pape. L'idée d'une expédition militaire des chevaliers occidentaux pour défendre les Lieux Saints commence à faire son chemin.

En 1095, au concile de Clermont en Auvergne, le pape Urbain II propose aux chevaliers présents d'aller délivrer Jérusalem et promet le pardon de leurs péchés à tous ceux qui partiront.

L'appel du pape déclenche l'enthousiasme. Aux cris de « Dieu le veut ! », la plupart des assistants font vœu de partir et cousent, en signe de ralliement, une grande croix rouge sur leurs vêtements; on les désigne alors par le nom de CROISÉS.

Tandis que les chevaliers s'organisent pour le départ, une foule de pèlerins, enflammée par des prédicateurs, tel le célèbre Pierre l'Ermite, se met aussitôt en route pour Jérusalem. Beaucoup le font sans esprit de retour, vendant leurs maigres biens à bas prix, chargeant femmes et enfants sur des chariots attelés à des bœufs. Indisciplinée, sans vivres et sans argent, cette « croisade des pauvres » se livre en chemin à des pillages et des massacres, notamment contre les communautés juives d'Allemagne. Parvenue tant bien que mal en Asie Mineure, elle sera décimée dès la première escarmouche par les Turcs.

Mieux organisée, la croisade des chevaliers s'ébranle une année plus tard. Elle prend pied en Palestine et s'empare de Jérusalem le 14 juillet 1099.

Sur les terres conquises aux musulmans, de nouveaux royaumes se constituent; tous sont bâtis sur le modèle féodal. Mais cette mosaïque de petits royaumes doit faire face aux assauts répétés des armées turques. Aussi, pour se défendre, les chrétiens édifient-ils des châteaux forts dont le plus célèbre, le krak des Chevaliers, est défendu par des moines soldats, les Hospitaliers. Deux autres ordres militaires, les chevaliers Teutoniques et les Templiers assurent une grande part de la défense... Pourtant, Jérusalem est reprise par les troupes de

Embarquement pour une croisade. ▼

◄ Le krak des Chevaliers (de l'arabe karak, château fort) construit par les Croisés en Syrie, pouvait abriter 2 000 hommes.

Saladin (1187) et de très nombreux chevaliers sont capturés.

De nouvelles croisades sont organisées. Des souverains aussi prestigieux que Philippe Auguste, Richard Cœur de Lion, l'empereur d'Allemagne Frédéric Barberousse et, beaucoup plus tard, le roi Saint Louis partent pour défendre les royaumes d'Orient, mais échouent. Les dernières expéditions, mal organisées, s'épuisent en combats inutiles. La lassitude gagne les esprits. La dernière place forte, Saint-Jean-d'Acre, tombe en 1291 mettant un point final aux croisades.

Les croisades ont certes échoué militairement, puisqu'il ne reste rien des conquêtes à la fin du XIIIe siècle, mais elles ont eu l'avantage de rompre l'isolement de l'Occident tant sur le plan économique (les monnaies d'or circulent à nouveau), que sur les plans artistique et intellectuel : les frustes chevaliers, éblouis par le raffinement de la civilisation musulmane, en ramèneront des bribes qui sont à l'origine d'un renouveau artistique.

LA CROISADE DES ALBIGEOIS

Introduite en Europe vers 1150 par des seigneurs revenus de la deuxième croisade, l'HÉRÉSIE cathare — qui signifie pur — fait de nombreux adeptes dans le Languedoc et la région d'Albi, d'où le nom d'Albigeois. Ceux-ci pensent que tout ce qui est matériel est mauvais et vient du diable. Leur idéal les oblige à nier la divinité du Christ, à refuser tous les sacrements de l'Église et à remplacer ces derniers par d'autres qui leur sont propres. Leurs prêtres, les PARFAITS, vivent en ermites dans le célibat et la pauvreté. Les adeptes ou croyants ne sont soumis à aucune obligation particulière. Une fois dans leur vie, généralement à l'article de la mort, ils obtiennent le pardon de leurs péchés par une imposition des mains, le CONSOLAMENTUM, faite par les Parfaits. Cette hérésie bénéficie dans le midi de la France de l'appui des seigneurs locaux et de la tolérance du plus puissant d'entre eux, le comte de Toulouse.

La papauté essaie d'abord de freiner le développement de cette hérésie, mais elle échoue. Le pape Innocent III prêche alors la croisade (1207). Une armée de seigneurs et de barons originaires du nord de la France est placée sous le commandement d'un des leurs, Simon de Montfort. Celui-ci, après avoir mis le pays à feu et à sang et défait au Muret (1213) les armées de Pierre II d'Aragon venu à leur secours, s'empare des biens de Raymond VI, comte de Toulouse.

La mort brutale de Simon en 1218 au cours d'une révolte de la ville de Toulouse, provoque la débandade des croisés. Découragé, le fils de Simon, Amaury, cède tous ses domaines et ses droits au roi de France qui agrandit ainsi son royaume.

L'hérésie cathare subsistera jusqu'en 1244 : le château de Montségur, dernier bastion, se rend après un très dur siège de dix mois.

LES CROISADES

Les croisades s'étendent sur plus de deux siècles, de la fin du XIe siècle à la fin du XIIIe siècle. On dénombre huit expéditions principales ayant chacune des participants, des moyens, des buts bien différents : les intérêts des rois, des princes et même des marchands prennent de plus en plus le pas sur la défense de la foi.

La première croisade, levée dans un élan de ferveur, gagne Byzance puis réussit à passer en Syrie et en Palestine, fait le siège de Jérusalem et conquiert la ville sainte. Les chefs de la croisade se taillent des principautés qui se rallient, pour un temps, au royaume de Jérusalem mais les querelles reprennent et les barons ne peuvent résister longtemps aux musulmans : Edesse est reprise en 1144.

La seconde croisade, prêchée par saint Bernard, ne parviendra pas à libérer Edesse.

La troisième croisade est provoquée par la réunification de l'Égypte, de la Syrie et de la Mésopotamie sous le pouvoir de Saladin. L'empereur Frédéric Barberousse, le roi de France Philippe Auguste et le roi d'Angleterre Richard Cœur de Lion prennent la tête de la croisade mais s'entendent mal. Frédéric Barberousse meurt accidentellement et Jérusalem ne peut être reprise.

La quatrième croisade devait être dirigée contre l'Égypte mais les croisés manquent d'argent et, pour le compte de Venise, reprennent la ville de Zara puis assiègent par deux fois Constantinople.
Vainqueurs ils oublient la croisade et se partagent l'empire, ainsi naît l'empire latin de Constantinople.

Les cinquième et sixième croisades ne sont plus des opérations militaires : l'empereur Frédéric II essaie, par la diplomatie, d'obtenir le libre accès des pèlerins aux Lieux Saints.

La septième croisade est dirigée contre l'Égypte et le roi de France Louis IX (Saint Louis) lui rend son caractère religieux. D'abord vainqueur à Damiette en 1248, Louis IX est battu et fait prisonnier l'année suivante. Délivré contre une forte rançon, il regagne la France et se croise à nouveau en 1270.

La huitième croisade est dirigée contre Tunis, c'est un désastre et Louis IX y meurt de la peste.

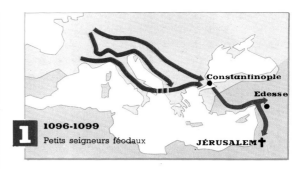

1 1096-1099
Petits seigneurs féodaux

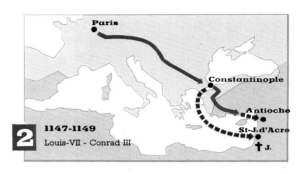

2 1147-1149
Louis-VII - Conrad III

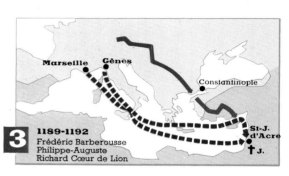

3 1189-1192
Frédéric Barberousse
Philippe-Auguste
Richard Cœur de Lion

4 1202-1204
Boniface de Montferrat

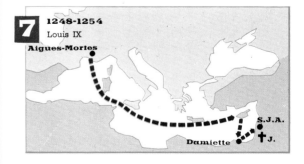

7 1248-1254
Louis IX

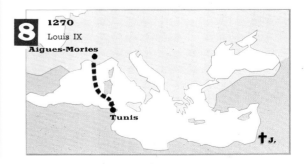

8 1270
Louis IX

Le temps des cathédrales

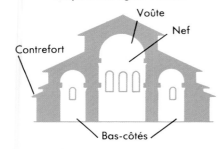

La voûte romane, en forme de berceau ou en arête, est lourde et ne permet que de très petites ouvertures.

Coupe d'une église gothique

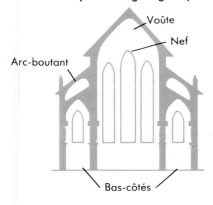

Au XIIe siècle apparaît la voûte à croisée d'ogives qui fait retomber le poids des masses de pierre sur les piliers intérieurs et les arcs-boutants extérieurs. Les églises prennent de la hauteur et s'éclairent de beaux vitraux.

A partir de la fin du Xe siècle, le pays n'a plus à craindre les invasions. Aussi, la vie économique renaît-elle peu à peu dans les campagnes comme dans les villes et s'accompagne bientôt d'un puissant élan artistique et religieux qui permet la construction de grandes cathédrales restées parmi les chefs-d'œuvre de l'art roman et gothique.

L'essor rural

Une main-d'œuvre plus abondante et une amélioration sensible des techniques et de l'outillage permettent un début d'industrialisation. Ainsi l'utilisation du moulin à eau, puis du moulin à vent, libère de nombreux bras. L'araire a, peu à peu, été remplacée par la charrue à soc métallique et à versoir, qui laboure plus profond; les techniques d'attelage se sont perfectionnées grâce à l'emploi du collier d'épaule qui, ne gênant plus la respiration du cheval, accroît son rendement et rend possible son utilisation pour les gros travaux agricoles. Le rendement des terres est amélioré grâce à l'ASSOLEMENT TRIENNAL, c'est-à-dire à la rotation des cultures (une année en céréale — blé, orge ou seigle —, la suivante en pois, en avoine ou en houblon, la troisième la terre reste inculte, en JACHÈRE).

Vue générale de l'église romane de Conques (Aveyron). Sa construction commencée entre 1030 et 1065 s'est poursuivie pendant une grande partie du XIIe siècle. Son plan simple est en forme de croix latine.
▼

Du XIe au XIIIe siècle, les surfaces cultivées augmentent sensiblement. Sous l'impulsion des monastères et de puissants seigneurs, des groupes de paysans agrandissent les TERROIRS en défrichant la forêt, en aménageant les marais côtiers, comme en Flandre. Dans le même temps, des cultures spécifiques telles que la vigne, le chanvre, la garance se développent sur des territoires limités. C'est au cours de ces deux siècles que se sont formés les paysages ruraux que nous connaissons encore aujourd'hui. De nouveaux villages se créent et se peuplent de paysans libres (vilains) et d'anciens serfs, car souvent le servage y est aboli. Dans le même temps, pour maintenir leurs paysans sur leurs terres, certains seigneurs doivent consentir à l'abolition du servage, qui disparaît pratiquement au cours du XIIIe siècle.

Le réveil des villes

L'amélioration des conditions de vie, la renaissance des activités commerciales favorisent les échanges et la vie de relation. Pèlerins, marchands, transporteurs de denrées et de matériaux circulent en nombre croissant, entraînant le développement des

Apparues à la fin du XIIe siècle, les cathédrales gothiques sont fort nombreuses dans les cités du nord de la France, où elles sont bâties au cœur des villes comme celle d'Amiens.
▼

moyens de transport et, en contrepartie, l'établissement par les seigneurs locaux de nombreux PÉAGES. Des ponts en bois, puis en pierre, sont construits à Albi, Paris, Rouen, Cahors et Avignon, des ports sont aménagés en Flandre à Gravelines, Dunkerque et Calais. Les églises des premiers siècles sont remplacées par des édifices plus vastes, construits en forme de croix et couverts de voûtes romanes en berceaux.

Fait significatif, la monnaie, qui avait pratiquement disparu au xᵉ siècle, circule à nouveau. Les villes connaissent un regain d'activité et de nouveaux quartiers, situés hors des murailles d'enceinte, se créent. C'est dans ces bourgs que se regroupent marchands et artisans. Certaines régions se spécialisent dans une activité industrielle comme la production d'étoffes et de draps de laine en Flandre. Des foires, telles celles de Champagne, assurent les échanges entre le sud et le nord de l'Europe. Soumis au pouvoir des seigneurs, les marchands et artisans — on les appelle alors bourgeois — en viennent, pour se défendre, à se grouper en associations ou GUILDES. Devenus riches et puissants, ils parviennent à arracher, souvent il est vrai moyennant finances, une charte des libertés qui fixe leurs droits et ceux du seigneur. Cette « révolution communale » permet aux xiiiᵉ et xivᵉ siècles aux bourgeois de prendre en charge l'administration de leur cité. Les villes, riches et prospères, s'embellissent de nouveaux édifices. C'est l'époque des grandes cathédrales gothiques.

Affermissement du pouvoir royal

La dynastie capétienne se renforce sous les règnes de Louis VI et Louis VII. Ce dernier, grâce à son mariage avec l'héritière du duché d'Aquitaine, Aliénor, étend son influence au sud de la France. Mais la répudiation de sa femme et le remariage de celle-ci avec Henri Plantagenêt, le puissant duc d'Anjou, duc de Normandie et futur roi d'Angleterre, entraîne la formation d'un royaume anglo-angevin aussitôt combattu par les Capétiens. Ceux-ci, de 1200 à 1270, réussissent à étendre considérablement le domaine royal en s'emparant de la plus grande partie des biens des Plantagenêts et du comte de Toulouse. L'autorité royale s'affermit grâce à la création d'officiers royaux, les BAILLIS et les sénéchaux qui transmettent ses ordres. Paris, capitale du royaume depuis que Philippe Auguste y a fixé sa résidence, dépasse alors les 80 000 habitants. Le prestige de ses écoles et de son université fait de la ville un des grands centres intellectuels de la chrétienté. Philippe IV le Bel, dernier des grands Capétiens, et ses conseillers, après avoir durement humilié la papauté, affirment que le roi est « empereur en son royaume ».

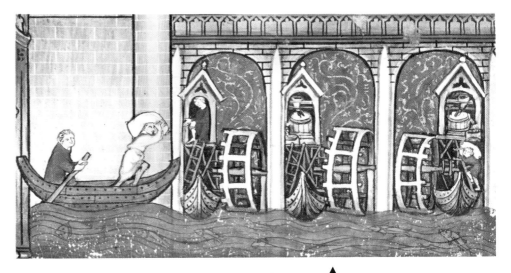

▲ Roue actionnant des moulins situés sous un pont de la Seine à Paris. Le moulin à eau était anciennement connu, mais son mécanisme est alors perfectionné. Grâce à l'invention de l'arbre à cames, il put être utilisé pour d'innombrables emplois.

Les quatre sergens de la marchandise   Les six sergés du parlouer aux bourgoys

◄ Le prévôt des marchands et les ÉCHEVINS de la ville de Paris. Philippe Auguste confia à la corporation des Marchands d'Eau et à son prévôt l'administration de Paris. Lors de son départ pour la croisade, le roi leur confia la garde du trésor et du sceau royal.

La foire du Lendit était au Moyen Age une des plus importantes de la région parisienne. Établie à Saint-Denis, elle avait lieu tous les ans au mois de juin. Bénie par l'évêque de Paris, elle durait deux semaines.
   La guerre de Cent Ans devait lui porter un coup fatal.
▼

La guerre de Cent Ans

En jaune clair territoires cédés aux Anglais par le traité de Brétigny-Calais

En jaune foncé territoires tenus par le roi d'Angleterre

CHRONOLOGIE

1337	Début de la guerre de Cent Ans.
1340	Bataille maritime de l'Écluse.
1346	Bataille de Crécy.
1347	Prise de Calais par les Anglais.
1348	Peste noire.
1356	Le roi Jean II le Bon est fait prisonnier à Poitiers. Le royaume traverse une longue crise.
1360	Traité de Brétigny-Calais.
1364-1380	Charles V parvient à redresser la situation.
1380-1388	Minorité du roi Charles VI.
1392	Folie du roi. Ses oncles se disputent le pouvoir.
1407	Début de la guerre civile : les Bourguignons et les

	Armagnacs s'opposent en luttes sanglantes.
1415	Bataille d'Azincourt.
1419	Les Anglais s'emparent de la Normandie.
1420	Le traité de Troyes consacre la division du royaume entre les Anglais, les Bourguignons et le dauphin Charles VII.
1429-1431	L'intervention de Jeanne d'Arc permet à Charles VII de renverser la situation en sa faveur.
1435	Réconciliation franco-bourguignonne (traité d'Arras).
1445	Création des grandes compagnies.
1449-1453	Les Anglais sont définitivement chassés du royaume.

A Crécy, les archers anglais, dotés d'un nouvel arc très meurtrier emprunté aux Gallois, taillèrent en pièces la lourde chevalerie française très peu mobile et les arbalétriers gênois au service du roi de France.

▼

En 1328, le dernier fils de Philippe IV le Bel meurt sans héritier mâle. Deux prétendants briguent la couronne de France : Edouard III, roi d'Angleterre, petit-fils du roi Philippe le Bel par sa mère, et Philippe de Valois, neveu de Philippe le Bel. Une assemblée de grands seigneurs et de nobles choisit ce dernier, parce qu'il « était né du royaume ». Vassal du roi de France pour ses possessions de Guyenne, Edouard III consent à lui prêter hommage (1329), mais la tension demeure vive entre les deux souverains. Un conflit finit par éclater en 1337, lorsque Philippe VI de Valois prononce la confiscation de la Guyenne.

Les succès anglais

Edouard III détruit la flotte française prisonnière des glaces dans le port flamand de l'Écluse et s'assure la maîtrise de la mer. En 1346, il débarque en Normandie et ravage le pays, du Cotentin à la Picardie. Poursuivi par l'armée française, il l'écrase à Crécy dans la Somme : la lourde chevalerie française, avec ses armures de 35 kg, est décimée par les traits des archers anglais. Puis, après un long siège, le roi s'empare de Calais qui deviendra, pour deux siècles, une tête de pont anglaise sur le continent. Une trêve suspend les hostilités.

Une catastrophe frappe alors l'Europe entière : la peste noire. Le royaume de France perd cinq millions d'habitants.

En 1356, le prince de Galles, surnommé le prince Noir à cause de son armure, écrase le nouveau roi de France, Jean II le Bon (1350-1364), près de Poitiers et le fait prisonnier ainsi que son plus jeune fils. Le dauphin Charles doit faire face en même temps à une révolte des bourgeois de Paris conduite par le PRÉVÔT des marchands, Étienne Marcel, et à celle des « Jacques », c'est-à-dire des paysans révoltés de Picardie et d'Ile-de-France. Il doit aussi se défendre contre les intrigues de son cousin le roi de Navarre, Charles le Mauvais.

En 1360, la paix est signée avec les Anglais à Calais. Jean II le Bon est libéré contre une rançon de trois millions d'écus d'or et doit céder le tiers de son royaume.

Le redressement français

Devenu roi de France en 1364, Charles V s'attache à restaurer le pouvoir royal. Il met de l'ordre dans les finances et obtient la levée d'impôts réguliers. Il réorganise son armée et en confie la direction à un petit noble breton, Bertrand Du Guesclin, dont il fera son CONNÉTABLE en 1370.

La guerre avec l'Angleterre reprend en 1369. Les Anglais perdent la plupart de leurs possessions et, à la mort de Charles V, ils ne tiennent plus que Calais, Cherbourg et la région bordelaise : ils sont contraints d'accepter une trêve.

Le temps des princes

Charles VI laisse d'abord gouverner ses oncles. A partir de 1388, le roi décide de gouverner seul et rappelle les anciens conseillers de son père. Mais en 1392 ses oncles profitent de sa folie pour revenir au pouvoir. Or leurs intérêts propres, la richesse de leurs maisons, l'agrandissement de leurs territoires, les préoccupent plus que le royaume. Ainsi, le duc de Bourgogne se heurte au frère du roi, Louis d'Orléans, et le fait assassiner (1407).

C'est le début d'une véritable guerre civile qui oppose les partisans du duc de Bourgogne à ceux du duc d'Orléans, regroupés autour du comte d'Armagnac.

Le nouveau roi d'Angleterre, Henri V, profite de la situation; en juin 1415, il débarque en Normandie et taille en pièces la chevalerie française à Azincourt, avant de conquérir la Normandie (1417-1419). A la suite de l'assassinat de Jean sans Peur à Montereau par les Armagnacs (1419), il noue alliance avec les Bourguignons et obtient au traité de Troyes (1420) d'être reconnu par le roi Charles VI comme le seul héritier au trône de France.

La reconquête française

Refusant d'être déshérité, le dauphin se retire au sud de la Loire. A la mort de son père, il se proclame roi de France et poursuit la guerre contre les Anglais. L'intervention de Jeanne d'Arc à ses côtés est décisive et lui permet d'être sacré à Reims : désormais Charles VII est le seul roi légitime. En 1435, le duc de Bourgogne, Philippe le Bon, abandonne la cause anglaise et se réconcilie avec lui. Une trêve conclue avec les Anglais permet à Charles VII de réorganiser son armée et de reconquérir successivement la Normandie et la Guyenne (1449-1451). La chute de Bordeaux (1453) ne laisse plus que Calais aux mains des Anglais.

La guerre finie, le roi entreprend la reconstruction du pays et renforce le pouvoir royal. Son œuvre sera poursuivie par son fils Louis XI (1461-1483), qui réussira, après une longue lutte, à abattre le duc de Bourgogne, Charles le Téméraire, et s'emparera, à sa mort (1477), de ses domaines français (duché de Bourgogne et de Picardie). Le mariage du dauphin, le futur Charles VIII, avec Anne de Bretagne parachève l'unité en favorisant le rattachement de la Bretagne au domaine royal.

JEANNE D'ARC

Jeanne est née en janvier 1412 à Domrémy. Très pieuse, elle aurait entendu à l'âge de treize ans des voix qui lui ordonnaient de chasser les Anglais et de faire sacrer Charles à Reims. Ayant réussi à gagner la confiance du roi, elle prend la tête d'une armée et délivre Orléans assiégée par les Anglais (mai 1429). Elle conduit ensuite Charles à Reims où il est sacré roi de France. Elle poursuit le combat contre les Anglais et cherche à délivrer Paris; elle échoue. Faite prisonnière en 1430 par les Bourguignons lors du siège de Compiègne, elle est livrée aux Anglais qui la font juger par un tribunal de l'Inquisition. Elle est condamnée au bûcher comme sorcière et brûlée vive à Rouen le 30 mai 1431.

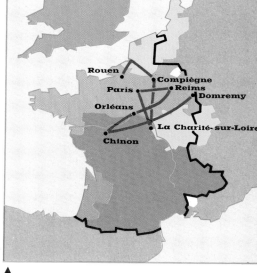

L'épopée de Jeanne d'Arc ne dura que 3 ans; son trajet est représenté par la flèche rouge. En jaune, les possessions du duc de Bourgogne; en bleu, les territoires contrôlés par le Dauphin; en violet, les régions contrôlées par les Anglo-Bourguignons.

◄ Jeanne fit lever le siège d'Orléans après avoir pris d'assaut les redoutes anglaises dotées d'une artillerie puissante.

LA PESTE NOIRE

Cette même année 1348, à Paris et dans tout le royaume de France, il y eut une telle mortalité de gens de l'un et l'autre sexe, plutôt les jeunes que les vieux, qu'on pouvait à peine les ensevelir; ils n'étaient malades que deux ou trois jours et mouraient rapidement, le corps presque sain.

JEAN DE VENETTE - *Chroniques Latines*

1

2

9   10

7   8

3

5   6

LA RENAISSANCE

Au cours de la seconde moitié du xve siècle des états puissants, modernes par leurs structures, se constituent en France où Charles VII et Louis XI triomphent de la féodalité, en Angleterre autour de la dynastie des Tudors, en Espagne où Isabelle et Ferdinand, après avoir chassé les Maures, font l'union de l'Aragon et de la Castille.

Cette paix retrouvée coïncide avec une vigoureuse reprise économique et un mouvement culturel et artistique qui ira s'intensifiant et marquera tout le xvie siècle.

La redécouverte de l'antiquité gréco-romaine, la diffusion des œuvres grâce à la découverte de l'imprimerie, le développement de l'esprit critique, la multiplication des écrits en langue vulgaire donnent naissance à l'HUMANISME (du latin *humanus* qui signifie cultivé).

Dans le même temps les arts, en particulier les arts plastiques, connaissent un renouveau, la RENAISSANCE. On découvre à nouveau la perspective, la couleur, le corps humain... Ce même corps humain que les recherches médicales d'un Ambroise Paré, par exemple, aident à connaître, à soulager.

Dans le même temps l'horizon des hommes s'élargit : des découvertes techniques (gouvernail d'étambot, astrolabe, boussole...) permettent d'entreprendre des voyages océaniques lointains : Christophe Colomb découvre l'Amérique en 1492; de 1519 à 1522 Magellan accomplit le premier tour du monde, apportant ainsi la preuve de la rotondité de la terre.

◀ *Tandis que Christophe Colomb vogue sur sa caravelle (10) vers l'Amérique, ses contemporains profitent de l'invention de l'imprimerie (5) pour lire les œuvres des grands humanistes, tel Erasme (3). Les artistes, profondément influencés par l'Antiquité, redécouvrent l'harmonie des corps (2 - 4 - 6 - 8), la perspective (1 - 9). Certains d'entre eux, comme Léonard de Vinci, sont aussi de grands inventeurs (7).*

Le royaume de François Ier et Henri II

François 1er fut le protecteur des hommes de lettres et des artistes.

François 1er fit construire à partir de 1528 à Fontainebleau un château qu'il voulait l'égal des châteaux italiens. Pour cela, il fit décorer la galerie qui porte son nom par des artistes, élèves de Michel-Ange : Le Primatice de Bologne, Le Rosso de Florence.

Charles VIII (1483-1498) veut, comme son père, donner de nouvelles terres à la couronne. Mais, esprit aventureux et romanesque, il veut faire valoir ses droits, fort douteux, sur le royaume de Naples et croit s'assurer la neutralité de ses rivaux en leur rendant des provinces qu'avait annexées Louis XI : au roi Ferdinand d'Aragon il restitue le Roussillon, à Maximilien d'Autriche l'Artois et la Franche-Comté.

Les guerres d'Italie

En septembre 1494, Charles VIII franchit les Alpes à la tête d'une puissante armée (trois mille hommes) et traverse, sans rencontrer de résistance, toute la péninsule. Il est accueilli triomphalement à Rome puis à Naples, où il se fait couronner, mais il doit rapidement faire face à une véritable coalition regroupant Venise, la papauté, Maximilien d'Autriche et Ferdinand d'Aragon. Les troupes françaises ont grand mal à se frayer le chemin du retour.

Peu après, Charles meurt accidentellement et Louis XII (1498-1515), poursuivant sa politique d'intervention en Italie, veut faire valoir ses droits sur le duché de Milan dont il se dit héritier par sa grand-mère, Valentine Visconti, fille du duc de Milan.

Tout d'abord vainqueur, il annexe le Milanais et négocie avec Ferdinand d'Aragon le partage du royaume de Naples (1501). Puis il se brouille avec les Espagnols qui rejettent les Français hors du royaume.

Quelques années plus tard un nouvel épisode guerrier n'est pas plus favorable aux Français : à l'appel du pape Jules II, les Vénitiens, les États italiens, la Suisse, l'Autriche, l'Angleterre et l'Espagne forment la Sainte Ligue : les prouesses de Bayard, le Chevalier sans peur et sans reproche, et celles de Gaston de Foix, tué à la bataille de Ravenne (1512), n'empêchent pas les Français d'être évincés d'Italie du Nord. Devant les risques d'invasion, Louis XII doit conclure avec les différents belligérants une série de trêves.

Son cousin et successeur, François Ier (1515-1547), sûr de ses droits, franchit à son tour les Alpes et reconquiert le Milanais après avoir remporté sur les Suisses l'éclatante victoire de Marignan (1515). Plus sage que ses prédécesseurs, il signe avec les Suisses une « paix perpétuelle » et conclut avec la papauté le CONCORDAT de Bologne (1516), qui restera en vigueur jusqu'à la Révolution française : évêques et abbés sont désormais nommés par le roi et reçoivent l'investiture du pape.

L'étau habsbourgeois

A peine la paix est-elle rétablie qu'un nouveau danger apparaît : le jeune Charles de Habsbourg — il a dix-neuf ans — se trouve par héritages successifs à la tête de la Castille et de l'Aragon (héritage maternel), de la Bourgogne et des Pays-Bas légués par son père et enfin de l'Autriche qui lui revient à la mort de son grand-père l'empereur Maximilien.

Ces possessions voisines de la France sont une menace d'autant plus grande que Charles postule, contre François Ier, le titre d'empereur du Saint Empire romain-germanique. Il est élu en 1519 sous le nom de

UNE COUR ITINÉRANTE

Sous le règne de François Ier, la cour connaît un grand développement. Centre de la vie politique et mondaine, elle est, pour le roi, un moyen de surveiller sa noblesse parfois encore trop tumultueuse. La cour n'a pas de résidence fixe, ni même habituelle. Fuyant Paris et le vieux palais du Louvre, elle vit en perpétuels déplacements, allant à la suite du roi, de ville en ville, de château en château, de Fontainebleau à Amboise, de Blois à Chenonceaux ou à Chambord.

Le roi est accompagné par dix ou quinze mille personnes, domestiques de l'Hôtel du roi, maison militaire (800 soldats), maisons des reines et des princes du sang, courtisans, ambassadeurs et leur suite.

Les châteaux ne sont pas tous meublés et chaque déplacement est un véritable déménagement. Les séjours royaux durent le temps d'épuiser les provisions amassées dans le château.

◀ *Dame noble en voyage.*

La consolidation de la monarchie

La France connaît une période de prospérité : le commerce maritime prend une réelle expansion. Le Havre est créé en 1517; des commerçants entreprenants, comme Jean Ango, organisent des expéditions vers le Nouveau Monde et le malouin Jacques Cartier remonte le Saint-Laurent et explore le Canada (1534-1542); les institutions monarchiques sont consolidées. Grâce au rattachement de la Bretagne et de l'Angoumois, puis à la confiscation en 1523 des terres du connétable de Bourbon (Bourbonnais, Forez, Auvergne, Dombes), le domaine royal est désormais d'un seul tenant. L'ordonnance de Villers-Cotterêts (1539) en décidant que tous les actes de justice seront rédigés en français, fait reculer le latin ainsi que les dialectes sur toute l'étendue du royaume; la poste royale, déjà mise en place sous Louis XI, connaît un réel essor et permet une plus grande centralisation.

Les assemblées sont mises en veilleuse : ainsi les États Généraux qui avaient manifesté des velléités d'indépendance durant la minorité de Charles VIII, en 1483, ne sont plus convoqués; les Parlements qui voudraient jouer un rôle de contrôle politique, sont contraints de s'incliner devant la volonté royale; la noblesse ne rêve plus que de pouvoir briller à la cour du roi dont l'éclat, depuis le règne de François Ier, est incomparable; enfin le haut clergé, après le concordat de 1516, est parfaitement docile. Le roi gouverne selon « son bon plaisir », formule apparue à partir de François Ier.

Charles Quint; l'étau se resserre autour du royaume de France, une longue lutte commence entre les deux souverains.

François Ier ne réussit pas à obtenir l'alliance d'Henri VIII d'Angleterre; de plus, il se brouille avec le puissant connétable de Bourbon et perd une partie de ses armées.

Bientôt le Milanais doit être abandonné et le roi est fait prisonnier à Pavie (1525). Captif en Espagne, il doit signer l'humiliant traité de Madrid par lequel il renonce à l'Italie et cède la Bourgogne. A peine libéré, il renie ses engagements, reprend la lutte et n'hésite pas à s'allier avec les princes protestants allemands et le sultan Soliman le Magnifique, au grand scandale de la chrétienté (1535).

La guerre se poursuit encore entre Henri II (1547-1559) et le successeur de Charles Quint, Philippe II, allié aux Anglais.

Les deux souverains, inquiets des progrès de l'hérésie protestante dans leur royaume, signeront en 1559 la paix au Cateau-Cambrésis : la France renonce définitivement à la Savoie et au Piémont, mais garde les trois évêchés (Metz, Toul et Verdun) occupés en 1552 et Calais repris aux Anglais en 1558.

Édifiée par l'architecte Pierre Lescot à Paris en 1549, la fontaine des Innocents fut ornée par le sculpteur Jean Goujon de nymphes inspirées de l'Antiquité. ▶

Les guerres de Religion

Gravure représentant les principaux chefs spirituels de la Réforme Protestante.

LA JUSTIFICATION PAR LA FOI

Un moine allemand, Martin Luther, s'insurge en 1517 contre la vente des INDULGENCES et entre en conflit avec la papauté. Il soutient que le salut du chrétien est assuré seulement par la foi et non par les œuvres.

Suivi par de nombreux Allemands, il organise bientôt l'église luthérienne : il supprime le culte de la Vierge et des saints, dépouille les églises de leurs ornements et remplace la messe par des lectures en commun, en allemand, de la Bible qu'il a traduite, et des chants de psaumes. Il ne garde que deux sacrements : le baptême et la communion, admet le mariage des prêtres et refuse de reconnaître l'autorité du pape et des évêques.

Apparue sous le règne de François Ier dans le milieu humaniste que protège la sœur du roi, Marguerite d'Angoulême, l'Église réformée s'étend rapidement dans le royaume et dans toutes les classes sociales. D'abord tolérée par le roi, elle se heurte à son hostilité après l'affaire des Placards (octobre 1534) ; des affiches contre la messe sont placardées à Paris et jusque sur la porte du roi au château d'Amboise.

Une CHAMBRE ARDENTE condamne au bûcher des réformés (Étienne Dolet) et des villages entiers sont même massacrés, comme en Provence. Malgré les persécutions, la doctrine de Calvin ne cesse de faire de nouveaux adeptes. Un grand nombre de nobles, surtout dans le midi et l'ouest de la France, adhèrent à la nouvelle religion. Parmi eux, Antoine de Bourbon, roi de Navarre, sa femme Jeanne d'Albret, son frère Louis de Condé et Gaspard de Coligny, apportent à la cause protestante leur clientèle, de l'argent et des appuis à la cour royale. Un puissant parti protestant HUGUENOT se constitue peu à peu face au parti catholique PAPISTE dont les chefs de file sont les Guises.

Régente du royaume durant la minorité de son fils Charles IX, Catherine de Médicis tente d'éviter les excès entre papistes et huguenots. Aidée du chancelier Michel de L'Hospital, elle essaie de pratiquer une politique de tolérance et promulgue l'édit de janvier (1562) autorisant le culte réformé dans les faubourgs des villes et dans les campagnes. Toutefois cette mesure de pacification n'empêche pas, quelques semaines plus tard, le massacre de Wassy en Champagne.

Trente-six ans de troubles

Les protestants prennent aussitôt les armes. C'est le début d'une longue guerre civile, entrecoupée de trêves où, les passions s'exaspérant, les adversaires rivalisent de cruauté. Souvent battus (Dreux en 1562, Jarnac et Moncontour en 1569), les protestants parviennent cependant à obtenir par la paix de Saint-Germain (1570), la reconnaissance de leur culte et la possession pour deux ans de quatre places de sûreté

◀ Le massacre de Wassy en Champagne : les soldats du duc de Guise tuèrent une centaine de protestants en train de célébrer leur culte dans une grange. Ce fut le début de la guerre civile.

Temple calviniste au début du XVIIe siècle. Aux riches décors des églises catholiques, les protestants ont opposé l'austérité et le dénuement de leurs temples. ▶

(La Rochelle, Cognac, La Charité et Montauban). Un de leurs chefs, l'amiral Coligny, entre au Conseil du roi et exerce bientôt une grande influence sur le jeune Charles IX.

Inquiète de cet ascendant, la reine Catherine de Médicis s'allie avec Henri de Guise, chef des papistes, et tente de faire assassiner l'amiral, qui n'est ce jour-là que blessé (22 août 1572).

La présence à Paris des chefs protestants venus assister au mariage d'Henri de Navarre avec la sœur du roi, Marguerite de Valois, donne l'idée aux catholiques de briser le parti protestant : le massacre de la Saint-Barthélemy (24 août 1572) est ordonné par le roi, esprit faible qui ne peut résister à Catherine de Médicis et aux Guises. Près de trente mille protestants sont tués, tant à Paris qu'en province.

Ce bain de sang relance la guerre civile et compromet gravement le pouvoir monarchique. Privé de ses chefs, le parti protestant s'organise en une union calviniste (1574) et forme un véritable état, doté d'une organisation militaire, judiciaire et financière. Le nouveau roi Henri III (1574-1589) tente sous la pression des modérés d'apaiser les protestants en leur faisant, par l'édit de Beaulieu, d'importantes concessions. Aussitôt les catholiques se regroupent dans une ligue dirigée par le duc de Guise, Henri le Balafré.

La mort en 1584 du frère du roi, le duc d'Anjou, fait d'Henri de Navarre, chef du parti protestant et beau-frère du roi, l'héritier de la couronne et rallume les passions. Le pays sombre dans le chaos. Isolé entre la ligue des Guises, soutenue par l'Espagne de Philippe II, et les protestants, le roi perd toute autorité. Contraint de fuir Paris passée aux mains des Guises, il fait assassiner Henri de Guise dans sa propre chambre à Blois et doit accepter l'alliance d'Henri de Navarre. Ils s'apprêtent tous deux à aller faire le siège de Paris, lorsqu'un fanatique, Jacques Clément, poignarde Henri III qui désigne, avant de mourir, Henri de Navarre comme seul héritier. Ce dernier, après s'être converti au catholicisme (1593) et avoir racheté, souvent à prix d'or, la soumission des chefs ligueurs, parvient à reconquérir son royaume. Une fois les troupes espagnoles chassées de France, il ramène la paix religieuse en publiant en 1598, l'édit de Nantes qui accorde aux protestants la liberté religieuse, l'égalité avec les catholiques, le droit de s'assembler et de posséder, et ce pour huit ans, une centaine de places de sûreté.

▲
Dans la nuit de la Saint-Barthélemy, 3 000 protestants furent assassinés par les catholiques à Paris.

LA PRÉDESTINATION

Rallié aux thèses de Luther, un humaniste français de formation religieuse, Jean Calvin, doit quitter la France et se réfugie à Genève. Outre la justification de la foi, il prêche la PRÉDESTINATION et affirme que l'homme est mauvais et seul Dieu, dans sa toute-puissance, accorde aux uns sa grâce et la refuse aux autres. L'homme doit vivre selon la loi de Dieu, avec piété, justice et simplicité.

Sa doctrine se répand, à partir de Genève, dans toute la France.
▼

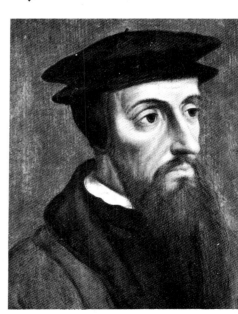

1

2

5

7

4

8

3

6

9

LA MONARCHIE ABSOLUE

Le XVIIᵉ siècle paraît tout entier auréolé de l'éclat de la monarchie, et à partir de 1660 de la monarchie absolue; éclat qui masque bien des difficultés :

Les guerres, qu'elles soient européennes comme la guerre de Trente Ans, ou purement françaises, sont longues et dures, les armées de plus en plus nombreuses sont soumises à des guerres de sièges épuisantes.

La situation financière est souvent critique et provoque des émeutes de la faim, des révoltes contre l'impôt et même des révoltes politiques comme la Fronde.

La population française, la plus importante d'Europe, reste stable, dix-huit à vingt millions d'habitants selon les estimations, mais les disettes, épidémies et famines provoquent une mortalité — principalement infantile — effrayante.

L'essor économique si puissant au XVIᵉ siècle s'essouffle et doit être soutenu par une politique PROTECTIONNISTE de l'État qui, de plus, cherche à s'assurer un empire colonial.

Par contre, l'administration du pays fait de grands progrès : le gouvernement est très centralisé; le roi gouverne, assisté de grands COMMIS qui exécutent ses ordres et administrent le pays par l'intermédiaire d'INTENDANTS réguliers et permanents.

La puissance royale est symbolisée par Versailles, œuvre collective de tous les grands artistes du temps, dirigés par le roi lui-même.

La cour, l'ÉTIQUETTE, deviennent un instrument de gouvernement, puisqu'elles permettent de domestiquer une noblesse jusqu'alors tumultueuse.

Le roi, enfin, impose sa marque à la vie intellectuelle et artistique qui doit, par son éclat, travailler à la gloire royale.

◀ *Triomphe du classicisme (1), le XVIIᵉ voit la monarchie absolue s'affermir sous le règne de Louis XIII (2) et atteindre son apogée sous Louis XIV. Celui-ci fait bâtir à Versailles un château digne de sa gloire (3 - 4 - 9) et de son emblème, le soleil (6). Il agrandit son royaume que protègent des places fortes édifiées par Vauban (8). Derrière cette politique de grandeur se cache la misère des paysans (5). C'est sous son règne que l'art français, en particulier la peinture, affirme sa prépondérance en Europe (7).*

Henri IV et Louis XIII

La paix intérieure et extérieure aussitôt rétablie, Henri IV (1589-1610), s'attache à restaurer l'autorité royale et à reconstruire le royaume éprouvé par plus de trente années de guerres civiles. Les campagnes sont alors dévastées par des bandes armées, de nombreux villages brûlés et abandonnés, les villes dépeuplées par les massacres, la disette et les épidémies. Aux ruines matérielles s'ajoutent les ruines politiques : l'autorité royale n'étant plus respectée, les gouverneurs se comportent en véritables souverains dans leurs provinces. Les Parlements ont pris des habitudes d'indépendance et s'opposent à la royauté. Les villes ont profité des troubles pour chasser les officiers royaux et s'administrer à leur guise.

La restauration du pouvoir royal

Roi très autoritaire sous sa rondeur narquoise et familière, Henri IV entend ramener l'ordre et se faire obéir. Alliant souplesse et fermeté, il reprend l'œuvre de François Iᵉʳ et Henri II. Il nomme à son Conseil des hommes choisis pour leurs seules capacités dans le camp des catholiques comme dans celui des protestants, et écarte les princes du sang et les grands seigneurs qui doivent se contenter de charges honorifiques. Les Grands qui s'agitent et complotent sont durement châtiés : le maréchal de Biron, ancien compagnon d'armes du roi est décapité en 1602 pour conspiration avec l'étranger. Les gouverneurs de provinces, généralement issus de la haute noblesse, voient leurs attributions restreintes. Les États Généraux, souvent réunis pendant les guerres de Religion, ne sont plus convoqués. Les Parlements sont contraints d'enregistrer les édits royaux.

Le redressement économique

Henri IV s'efforce de favoriser l'essor matériel du pays. Il trouve en Sully l'homme de la situation : nommé surintendant général des Finances, il restaure en dix ans les finances du royaume; il pratique une sage politique d'économie, proscrit le gaspillage, assainit la monnaie, rembourse les dettes faites durant la guerre, et réussit à équilibrer le budget de la monarchie et à constituer des réserves qu'il amasse dans les caves de la Bastille.

Toujours aidé de son fidèle ministre, le roi favorise l'agriculture en diminuant les charges qui pèsent sur la paysannerie, encourage les cultures nouvelles comme

Soucieux de rendre à Paris son rang de capitale royale, Henri IV l'embellit de nouvelles places. La place Royale, aujourd'hui place des Vosges, fut inaugurée en 1612.

Henri IV est assassiné à Paris le 14 mai 1610, par un exalté, Ravaillac, alors que son carrosse est bloqué par un embarras de la circulation.
Entré dans la légende avec Saint Louis, il est resté le roi de France le plus populaire.

celles du mûrier pour l'élevage du ver à soie, et fait assécher des marécages.

Adoptant les idées de Barthélemy de Laffemas, nommé en 1600 contrôleur général du Commerce, il encourage également la création de MANUFACTURES de luxe (verrerie, soierie, tapisserie) qu'il subventionne et protège de la concurrence étrangère en créant des MONOPOLES qui évitent au royaume des sorties d'or et d'argent.

Soucieux de voir son pays participer au grand commerce maritime aux côtés de l'Angleterre et de la Hollande, le roi favorise la création d'une compagnie des Indes orientales et soutient les entreprises de colonisation de Samuel Champlain, qui fonde Québec en 1608.

Cependant l'élan donné par Henri IV et Sully est brutalement interrompu par l'assassinat du roi en mai 1610. Le royaume connaît alors une nouvelle période de troubles sous la minorité du roi Louis XIII.

Louis XIII et Richelieu

Le pouvoir royal est durant la minorité du roi en de faibles mains. Médiocre politique, la régente Marie de Médicis discrédite son gouvernement en accordant à tort sa confiance à quelques membres de son entourage tels Léonore Galigaï et son mari Concini, un ambitieux cupide que tout le monde déteste. Pour calmer les Grands, avides de pouvoir et d'argent, elle dilapide le trésor royal en pensions, privilèges et festivités, avant d'être contrainte de convoquer les États Généraux pour leur demander en vain de l'argent (1614).

L'assassinat de Concini en 1617 sur ordre du jeune roi et son remplacement par le favori de Louis XIII, de Luynes, n'améliore en rien les affaires. Inquiets de la politique catholique suivie par le pays depuis 1610, les protestants se révoltent à leur tour.

L'entrée du cardinal de Richelieu au Conseil en 1624 va permettre au roi de redresser la situation. Bénéficiant de la confiance totale de Louis XIII, Richelieu désarme les protestants (il prend avec Louis XIII la tête d'une armée qui assiège La Rochelle, 1627-1628) tout en confirmant le régime de la tolérance religieuse (édit d'Alès 1629), et réduit les Grands à l'obéissance en infligeant des châtiments impitoyables aux comploteurs (exécutions de Montmorency et du favori du roi Cinq-Mars) et en démantelant de nombreux châteaux forts. Soucieux de rendre à la France sa puissance en Europe, il développe la marine, encourage l'essor colonial par la fondation de compagnies de commerce, et lutte contre les Autrichiens et les Espagnols (Habsbourgs) qui menacent les frontières du royaume. La guerre est longue et coûteuse. Obligé de recruter de nouvelles troupes, Richelieu écrase d'impôts les paysans qui se révoltent (Croquants du Limousin en 1637, Va-nu-pieds de Normandie en 1639).

Aussi sa mort est-elle accueillie par la population avec soulagement. Louis XIII lui survit à peine et meurt le 14 mai 1643.

Mazarin et la Fronde

Le peuple souffre toujours de la faim et de la guerre. Les finances sont dans un piètre état. Noblesse et Parlements profitent encore une fois de la minorité d'un roi, Louis XIV, pour se révolter. Mazarin, successeur de Richelieu au Conseil du roi, doit faire face de 1648 à 1653 à une véritable guerre civile, la Fronde qui, de Paris, s'étend rapidement à de nombreuses provinces. Grâce à son habileté, le cardinal réussit à s'imposer. A sa mort en 1661, les nobles sont abaissés, les Parlements réduits à l'obéissance et la paix est signée avec la maison d'Autriche et l'Espagne. La voie vers l'ABSOLUTISME est ouverte.

Armand Jean du Plessis, d'abord destiné à la carrière des armes, devint évêque de Luçon à la suite de la renonciation de son frère. Député du Clergé aux États Généraux de 1614, il ne tarda pas à s'y faire remarquer de Marie de Médicis et de Concini, et devint secrétaire d'État (1616), ce qui lui valut de suivre la reine mère en exil après la chute de Concini. Rappelé par de Luynes, il réussit à négocier la réconciliation de Louis XIII et de sa mère; il obtint alors le cardinalat (1622) et l'entrée au Conseil du Roi deux ans plus tard.

Entouré d'excellents collaborateurs, tel le Père Joseph, Richelieu employa toute son énergie à renforcer l'autorité royale et à établir la prépondérance française en Europe. Il devait intervenir dans tous les secteurs de l'activité politique, économique, religieuse et culturelle, contribuant notamment à la fondation de l'Académie Française (1635).

Les États Généraux de 1614. ▶ Ceux-ci, qui réunissaient les trois ordres (Clergé, Noblesse et Tiers État), ne seront plus réunis avant 1789.

LA PAULETTE

Les rois, toujours à court d'argent, avaient coutume de vendre des CHARGES, OU OFFICES, de justice et de finances. Mais ces charges n'étaient pas héréditaires et donc ne pouvaient créer, pour ceux qui les possédaient, une sorte de distinction, de classe sociale.

Mais pour trouver de nouvelles ressources, Henri IV et Sully, à l'instigation de Charles Paulet (d'où le nom de Paulette) créent des offices héréditaires à condition de verser une taxe annuelle égale au soixantième de la valeur présumée de la charge. Le système, à l'origine simple expédient fiscal, aura des conséquences incalculables. Ces officiers forment la NOBLESSE DE ROBE, très attachée à la monarchie, mais désormais les profits du négoce iront de préférence s'investir dans ces offices qui donnent honneur, privilèges et même parfois noblesse.

Le siècle de Louis XIV

▲
Louis XIV par Rigaud. Pétri d'orgueil, le roi avait choisi comme emblème l'astre le plus grand, le soleil, d'où son surnom de Roi-Soleil, et comme devise « Nec pluribus impar » (supérieur à tous).

Le 10 mars 1661, Louis XIV, âgé de vingt-trois ans, proclame devant son Conseil réuni son intention de gouverner lui-même, sans premier ministre, mais avec l'aide de conseillers qui l'aideront à sa demande.

Durant cinquante-quatre ans, il va gouverner en monarque absolu, exerçant pleinement ce qu'il appelle « son métier de roi ». De fait, pendant six à huit heures par jour, il se consacre aux affaires de l'État, s'informe de tout, écoute avec attention les avis de chacun, mais décide seul.

Le renforcement de l'autorité

« Roi par la grâce de Dieu » dont il est le lieutenant sur la terre et qui seul peut juger ses actions, Louis XIV concentre entre ses mains tous les pouvoirs et met en place un appareil gouvernemental centralisé et efficace. Le Conseil du roi est divisé en conseils spécialisés et six ministres dirigent l'administration (cf. croquis p. 41).

Pour gouverner, le souverain s'entoure de conseillers fidèles et dévoués, issus pour la plupart de la bourgeoisie. Ce sont de grands commis qu'il sait rabaisser d'un simple mot et qui font exécuter les décisions royales. Il fait de sa cour installée à Versailles un instrument de règne; la noblesse se ruine en folles dépenses et au jeu et n'a plus d'espoir que dans les « grâces » et les faveurs royales.

Louis XIV réduit de même les Parlements en les privant de leurs droits de REMONTRANCE; il crée une police forte et affermit dans les provinces les pouvoirs des intendants, ses agents réguliers et permanents, qui exercent un pouvoir quasi absolu dans tous les domaines (justice, police, finances, armées), et s'efforcent d'affirmer partout l'autorité royale en réduisant les libertés des corps intermédiaires.

Colbert et l'absolutisme économique

Pendant vingt-deux ans (1661-1683), Colbert a été le principal instrument de cet absolutisme royal en matière d'économie et de finances. Il fait porter son effort sur l'industrie, seule capable de faire entrer en France de l'or, « sang de l'économie ». Pour cela il crée des manufactures privilégiées soumises à une réglementation sévère de la qualité. Il développe les industries textiles : draperies à Elbeuf et Abbeville, tapisseries à Paris (les Gobelins) et à Aubusson, soieries à Lyon. Il fait venir de l'étranger les ouvriers les plus habiles qui livrent leurs secrets de fabrication (verriers de Venise,

C'est sous la contrainte des armes que les dragons missionnaires faisaient abjurer les protestants.

▼

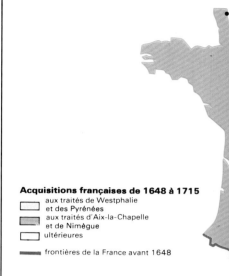

Acquisitions françaises de 1648 à 1715
- aux traités de Westphalie et des Pyrénées
- aux traités d'Aix-la-Chapelle et de Nimègue
- ultérieures

━━━ frontières de la France avant 1648

DES GUERRES

Louis XIV va continuer la politique de Richelieu et Mazarin, c'est-à-dire :

Rabaisser la maison d'Espagne et achever, comme le montre la carte, l'unité de la France en rattachant les territoires qui lui paraissent être « dans la bienséance de ses limites », c'est-à-dire de ses frontières naturelles.

Déjà Mazarin avait obtenu des concessions territoriales au nord, à l'est et au sud-est par le traité de Westphalie — qui termine la guerre de Trente Ans — et celui des Pyrénées qui achève la guerre contre la maison d'Espagne.

Le Tellier et son fils Louvois vont donner à Louis XIV l'outil dont il a besoin : une armée régulière, instruite et disciplinée, forte en temps de paix de cent vingt-cinq mille fantassins et quarante-cinq mille cavaliers et du double en temps de guerre.

Louis XIV, à la mort de Philippe IV

Dunkerque 1662
ARTOIS 1659 **Malplaquet**
Denain
Metz Landau
Verdun
Toul Strasbourg 1681
ALSACE 1648
FRANCHE-COMTÉ 1678
Barcelonnette 1713
COMTAT VENAISSIN
Orange 1713
ROUSSILLON 1659

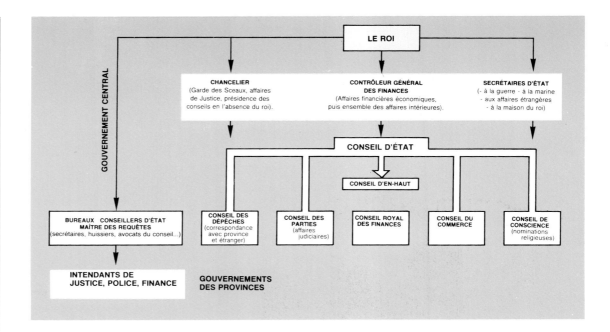

LE ROI		
CHANCELIER (Garde des Sceaux, affaires de Justice, présidence des conseils en l'absence du roi).	CONTRÔLEUR GÉNÉRAL DES FINANCES (Affaires financières économiques, puis ensemble des affaires intérieures).	SECRÉTAIRES D'ÉTAT (- à la guerre - à la marine - aux affaires étrangères - à la maison du roi)

GOUVERNEMENT CENTRAL

CONSEIL D'ÉTAT

CONSEIL D'EN-HAUT

BUREAUX CONSEILLERS D'ÉTAT MAÎTRE DES REQUÊTES (secrétaires, huissiers, avocats du conseil...)	CONSEIL DES DÉPÊCHES (correspondance avec province et étranger)	CONSEIL DES PARTIES (affaires judiciaires)	CONSEIL ROYAL DES FINANCES	CONSEIL DU COMMERCE	CONSEIL DE CONSCIENCE (nominations religieuses)

INTENDANTS DE JUSTICE, POLICE, FINANCE

GOUVERNEMENTS DES PROVINCES

...NCESSANTES

d'Espagne, exige au nom de sa femme, Marie-Thérèse, l'application du DROIT DE DÉVOLUTION qui attribue aux seuls enfants nés d'un premier mariage, l'héritage. Les interventions militaires du roi et de Turenne sont de véritables promenades. La paix d'Aix-la-Chapelle donne à la France douze places fortes en Flandres maritime et wallonne que Vauban fortifie.

Louis XIV se retourne alors contre les Pays-Bas protestants : la guerre de Hollande, difficile, longue (six ans), s'achève par la paix de Nimègue qui donne à la France la Franche-Comté espagnole et de nouvelles places fortes aux Pays-Bas.

Inquiets de cette politique d'annexions, les pays européens forment une coalition. La guerre de la ligue d'Augsbourg (1688-1697) et la guerre de Succession d'Espagne (1702-1714) font perdre à la France sa prépondérance au profit de l'Angleterre.

tisserands des Pays-Bas). Cette jeune industrie est protégée par des tarifs douaniers très élevés.

Il fait construire une importante flotte de commerce et, pour la protéger, une puissante flotte de guerre. Il crée enfin de nombreuses compagnies de commerce qui disposent d'un monopole pour certaines parties du monde et encourage le développement des colonies (Canada, Antilles, Louisiane, Indes).

L'absolutisme religieux

« Roi très chrétien », Louis XIV intervient aussi dans les affaires religieuses. Il s'oppose au pape au sujet de l'administration de l'Église de France. Défenseur de la foi catholique, il persécute les JANSÉNISTES,

Cette tapisserie représente Louis XIV, accompagné de Colbert, visitant la manufacture des Gobelins.
▼

partisans d'une religion plus austère, et fait raser leur abbaye, Port-Royal des Champs (1709). Rêvant de rétablir l'unité religieuse de son royaume, il s'acharne contre les protestants. Il envoie, dès 1681, des dragons les convertir de force par l'emploi de la terreur, avant de révoquer l'édit de Nantes (1685) : les temples sont détruits, les écoles et les pasteurs interdits. Fuyant la persécution, près de deux cent mille protestants, commerçants, artisans, manufacturiers, armateurs, quittent la France pour l'Angleterre, la Prusse ou la Hollande. D'autres refusent de se soumettre, comme les Camisards des Cévennes, et il faudra huit ans de répression sanglante et une armée de vingt mille hommes pour en venir à bout.

Le Grand Siècle

Afin de donner plus d'éclat à son règne, Louis XIV encourage les écrivains (Boileau, Racine, Molière), les peintres (Le Brun, Mignard), les architectes (Mansart, Perrault, Le Vau), le musicien Lulli dont le renom sert sa gloire, par des faveurs et des pensions. Il aide à la création d'académies (peinture, sculpture), fait embellir Paris (Louvre, Tuileries) et édifier à Versailles un palais digne de sa grandeur. Pour cette entreprise, il rassemble les plus grands talents de son époque, les architectes Le Vau et Mansart, le peintre Le Brun, le jardinier Le Nôtre, l'ingénieur des eaux Franchine.

La splendeur du Roi-Soleil cache cependant l'extrême misère du royaume. Les guerres, les famines et les épidémies, en particulier de peste, ont épuisé une population d'autre part accablée par des impôts de plus en plus lourds.

Quand le roi meurt le 1er septembre 1715, il est tellement détesté que son cercueil est conduit à Saint-Denis sous les injures.

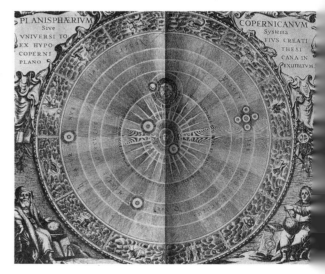

NE POUR LA PEINE

Reveill Matines de Campagne

l'Homme de Village

Tous les jours au milieu d'un Champ   Travailler tant que l'année dure
Par la Chaleur par la froidure   Pour amasser par son labeur
L'on voit le Pauvre Paysan   De quoi payer le Collecteur

PLANISPHÆRIVM
Sive
VNIVERSI TO
EX HYPO
COPERNI
PLANO

COPERNICANVM
Systema
TIVS CREATI
THESI
CANA IN
EXHIBITVM

LE SIÈCLE DES LUMIÈRES

Le XVIIIe siècle est marqué par un courant nouveau d'idées : l'esprit critique, le raisonnement scientifique poussent « à secouer le joug de l'opinion et de l'autorité » dans tous les domaines : politique — l'absolutisme est de plus en plus mal toléré; religieux et philosophique — les philosophes vont donner au mécontentement populaire le programme qui ébranlera le trône; artistique avec une explosion de fantaisie, de recherches qui contraste avec le classicisme de la période précédente; scientifique grâce à une multitude d'inventions qui s'enchaînent et se complètent.

A tout ce bouillonnement intellectuel, on a donné le nom de siècle des lumières.

Paris devient « le temple du goût », d'où se propagent les idées, les arts et les modes qui font la conquête de l'Europe; le français est reconnu comme la langue de tous les esprits cultivés. Le rayonnement des sciences est incomparable : les mathématiques et l'astronomie se perfectionnent à partir des travaux de Galilée, Kepler, Newton. La physique prend son essor grâce aux travaux de Nollet et de Réaumur. Lavoisier fonde la chimie moderne, Buffon développe les sciences naturelles. Les connaissances géographiques s'améliorent grâce aux voyages de Bougainville et de Cook dans les mers australes. La pompe à feu venue d'Angleterre, la première voiture à vapeur de l'ingénieur Cugnot, le paratonnerre de l'américain Benjamin Franklin et les premiers ballons à air chaud des frères Montgolfier déchaînent un bel enthousiasme.

Ce goût pour les questions scientifiques explique le succès des planches techniques de l'Encyclopédie de Diderot et d'Alembert, résumé de toutes les connaissances du moment.

Influencés par l'Angleterre, Montesquieu et Voltaire réclament une monarchie constitutionnelle. Seul Rousseau va plus loin en traçant dans son *Contrat Social* l'esquisse d'un état démocratique fondé sur l'égalité de tous et la souveraineté populaire.

Cette philosophie des lumières répond aux désirs d'une bourgeoisie de plus en plus riche et puissante mais qui est tenue à l'écart du pouvoir et aspire à jouer un rôle dans l'État et dans la société, souhait que réalisera la Révolution.

◄ *Siècle de progrès scientifiques, marqué par le renouvellement de la vision de l'univers par Copernic (5), par des découvertes et des applications prometteuses comme cet ancêtre de la voiture (7), et d'essor économique montré par l'agrandissement des principaux ports (9), le XVIIIe siècle est, dans le domaine des arts, teinté de maniérisme (4); les lettres connaissent une diffusion remarquable grâce aux salons littéraires comme celui de Mme Geoffrin (1), mais le peuple souffre (2), de là naîtra la Révolution (3 - 6) qui consacrera le rôle de la bourgeoisie (8).*

Les crises de l'Ancien Régime

◄ *D'origine bourgeoise, fine, culti-vée et ambitieuse, la marquise de Pompadour eut pendant près de vingt ans jusqu'à sa mort une profonde influence sur Louis XV dont elle était la favorite.*

Louis XV régnera pendant près de soixante ans (1715-1774). Son règne, pour promet-teur qu'il fût par moments, marque la décadence de la monarchie absolue.

La régence

Louis XV est un enfant de cinq ans à la mort de son arrière-grand-père Louis XIV. La régence est confiée à son oncle, le duc Philippe d'Orléans. Elle se caractérise par :

Une réaction contre l'austérité des mœurs de la fin du règne de Louis XIV : la cour revient à Paris, les modes se succèdent, les bals se multiplient, les salons accueillent artistes, écrivains et savants qui font souf-fler sur le royaume un vent de critiques, annonciateur de rébellions plus profondes.

Une réaction contre l'absolutisme reli-gieux : les jansénistes emprisonnés sont libérés.

Une volonté de revenir à un système politique parlementaire : le droit de remon-trance est rendu — pour un temps — aux Parlements.

Toutes ces réformes vont échouer en raison de la crise financière : les caisses de l'État sont vides et les dettes énormes; il faudrait faire des économies... Mais le régent préfère se rallier aux théories d'un

Symbole de l'arbitraire royal, la lettre de cachet permettait de faire emprisonner ou exiler quelqu'un sans jugement, Elle a été abolie par la Révolution.

Sous le ministère Fleury, la France se dote d'un réseau routier mo-derne et bien entretenu.
▼

banquier écossais, John Law, qui préconise la création du papier-monnaie. Il ouvre une banque qui a le privilège d'émettre des billets, en principe gagés sur des pièces métalliques, et fonde une compagnie de commerce dont les actions doivent, dit-il, rapporter d'importants bénéfices. Le pu-blic, séduit par la nouveauté et l'appât du gain, se dispute bientôt les actions de la rue Quincampoix, siège de la compagnie.

L'expérience, qui permet à l'État de rembourser une part importante de ses dettes, échouera finalement à cause de l'imprudence de Law : il émet beaucoup plus de billets qu'il n'a de métal précieux et, à la première panique, ne peut rembourser. Il fait banqueroute et provoque la ruine de milliers de personnes.

Louis, le Bien-Aimé

A la majorité de Louis XV (1723), le royaume connaît près de vingt années de paix et de prospérité sous le ministère du vieux cardinal de Fleury, ancien précepteur du roi. Il remet de l'ordre dans les finances, équilibre le budget grâce à des économies sévères et fixe la valeur de la monnaie (1726), qui ne variera plus jusqu'à la Révolution. Le commerce maritime se déve-loppe; les ports de l'Atlantique, Bordeaux, Lorient, Nantes, La Rochelle s'enrichissent. Les villes se transforment et s'embellissent. L'agriculture connaît un essor réel grâce à des techniques perfectionnées et à l'intro-duction de nouvelles cultures.

Faiblesses et revers

Fleury mort, Louis XV se décide à gouverner seul (1743). Mais incapable d'activité sou-tenue, il se lasse très vite de la politique et subit l'influence de ses favorites, la mar-quise de Pompadour puis la comtesse du Barry, qui font et défont les ministres.

Roi à vingt ans, Louis XVI préférait la chasse et son atelier de serrurerie au métier de roi. Honnête et bon, il avait le désir de bien faire mais sa faiblesse de caractère le mit à la merci de toutes les influences et, en particulier de celle de Marie-Antoinette.

Avec ses 60 000 articles et ses planches techniques, L'Encyclopédie réunissait toutes les connaissances de l'époque.

Les cahiers de doléances rédigés dans les paroisses par les électeurs de chaque ordre constituent un précieux témoignage sur les aspirations des Français à la veille de la Révolution.

Maladroitement engagée dans la guerre de Succession d'Autriche (1740-1748) aux côtés de la Prusse de Frédéric II, la France ne retire aucun profit des victoires de Maurice de Saxe dont la plus brillante est Fontenoy (1745). La Prusse seule gagne des territoires et la France accepte de rendre toutes ses conquêtes. Louis XV subit un nouvel échec face à l'Angleterre durant la guerre de Sept Ans (1756-1763) : cette dernière s'empare du Canada (1760) et de l'Inde (1761). Ces pertes, aux yeux d'une opinion publique de plus en plus agissante, sont à peine compensées par le rattachement de la Lorraine, que la reine Marie Leczinska apporte en héritage, et par l'acquisition de la Corse achetée en 1768 aux Gênois.

L'avant Révolution

Les guerres ont conduit une nouvelle fois le pays au bord de la banqueroute. Une première réforme fiscale, instituant un impôt payable par tous, échoue. En 1771, Louis XV, soudain résolu à affirmer son autorité, soutient les réformes du chancelier Maupeou qui décide la suppression des Parlements et leur remplacement par des Conseils supérieurs dont les membres, nommés et rémunérés par le roi, ne seront plus propriétaires de leur charge. La mort du roi, en 1774, arrête toute velléité de réformes.

Soucieux de plaire à une opinion publique ouvertement critique à l'égard de la monarchie jugée arbitraire et favorable aux Parlementaires, Louis XVI renvoie les ministres détestés et rappelle les Parlements. Ceux-ci font aussitôt cause commune avec les privilégiés (haut clergé, noblesse) et s'opposent à toute réforme fondamentale.

Le roi n'a pas le courage de soutenir ses différents ministres réformateurs (Turgot, Necker, Calonne) et leurs projets en faveur de l'égalité fiscale. Seule la victorieuse guerre d'Indépendance américaine (1778-1783) restaure quelque peu le prestige de la monarchie. Mais les dépenses engendrées par le conflit ont accru les difficultés financières de l'État qui doit faire face à une crise économique aggravée par une série de mauvaises récoltes (1787-1788). La dépression ruine les campagnes et touche dans les villes les classes populaires. Exaltée par l'exemple américain et leur Déclaration des Droits qui prône égalité et liberté, l'opinion publique exige des changements profonds.

Acculé à la banqueroute, le roi — sous la pression de l'aristocratie qui a eu l'habileté de se présenter comme défenseur de la liberté contre l'absolutisme monarchique — se résigne à convoquer les États Généraux pour le printemps 1789.

La Révolution

Les États Généraux sont convoqués dans une atmosphère de banqueroute. Le Tiers État a obtenu d'être représenté par autant de députés que le clergé et la noblesse réunis. Le 5 mai 1789 à Versailles, les députés écoutent le roi qui ne parle que de voter de nouveaux impôts. Le Tiers État répond qu'il est là pour donner une constitution à la France et réclame un droit de vote par tête, ce qui lui donnerait toujours une majorité, et non plus un vote par ordre. Le roi refuse, puis tergiverse... Les choses traînent en longueur et le Tiers État se réunit seul le 17 juin dans la salle du Jeu de Paume, se proclame Assemblée nationale et jure de ne pas se séparer avant d'avoir donné une constitution à la France. Louis XVI hésite un peu, puis paraît céder et c'est avec son accord que les États Généraux prennent désormais le nom d'Assemblée constituante.

Le roi n'est plus absolu.

▲ *Les députés du Tiers État rappelant qu'ils représentaient « 96 % de la nation » jurent de donner une constitution à la France.*

La prise de la Bastille par le ▶ peuple de Paris provoque l'effondrement des structures politiques et sociales de l'Ancien Régime.

La Révolution institue le mariage civil et le divorce (ci-dessous un mariage sous la Convention).
▼

Un été décisif

La misère due à plusieurs mauvaises récoltes successives, le chômage, la fuite des nobles à l'étranger, les intrigues du roi... tout va pousser le peuple de Paris à soutenir la nouvelle Assemblée : la Bastille, symbole de l'absolutisme et de l'arbitraire royal, est prise le 14 juillet; en province, des révoltes municipales chassent les intendants du roi, le retentissement est immense et touche même les campagnes : les paysans s'arment pour défendre leurs récoltes et en profitent pour attaquer, et parfois brûler avec leurs occupants, les châteaux : c'est la Grande Peur. Poussée par les circonstances, l'Assemblée abolit dans la nuit du 4 août les droits féodaux et les privilèges, puis vote la Déclaration des Droits de l'Homme et du Citoyen qui proclame l'égalité de tous devant la loi.

Mais loin de s'épuiser, le mécontentement s'amplifie avec les difficultés économiques. Le roi et sa famille sont ramenés de force à Paris, suivis quelques jours plus tard de l'Assemblée.

L'échec d'une monarchie constitutionnelle

L'Assemblée accomplit en moins de deux ans un extraordinaire travail. Une monarchie parlementaire, comparable à celle de l'Angleterre, remplace la monarchie absolue. Le roi conserve le pouvoir exécutif mais l'initiative et le vote des lois sont confiés à une Assemblée législative élue pour deux ans par les citoyens qui payent une contribution égale à quatre journées de travail. Le roi garde le droit de VETO. Les Français sont libres et égaux devant la loi et l'impôt. Les anciennes provinces sont rem-

placées par quatre-vingt-trois départements, la VÉNALITÉ des offices est supprimée, les fonctionnaires, les juges sont élus mais payés par l'État. Les biens du clergé sont confisqués et vendus aux enchères. Évêques et curés, payés désormais par l'État, sont élus par le peuple et doivent prêter serment au nouveau régime. Cette Constitution civile du clergé est condamnée par le pape et le clergé se divise en RÉFRACTAIRES et CONSTITUTIONNELS.

Le roi semble reconnaître la Constitution puisqu'il prête serment de fidélité (14 juillet 1790) mais, infidèle, il s'enfuit avec sa famille pour rejoindre les troupes campées aux frontières de l'est. Arrêté à Varennes, il est ramené à Paris. Sa fuite fait naître des sentiments républicains.

La guerre contre l'Autriche et la Prusse qui envahissent la France précipite la chute de la monarchie le 10 août 1792.

La Iʳᵉ République

Élue au SUFFRAGE UNIVERSEL, la Convention proclame la République au lendemain de la victoire de Valmy. Le peuple parisien en armes — les Sans-Culottes — soutient le parti Montagnard dirigé par Danton et Robespierre, qui s'oppose aux Girondins, désireux de diminuer l'influence de Paris et de préserver ainsi la décentralisation créée en 1789.

Ces derniers essayent de discréditer les chefs montagnards et tentent de sauver le roi accusé de trahison — il sera guillotiné le 21 janvier 1793.

Dans le même temps, les armées révolutionnaires victorieuses prennent la Savoie et Nice, la rive gauche du Rhin et la Belgique. Du coup une vaste coalition, regroupant tous les souverains d'Europe, se forme contre la République. La situation sur le plan intérieur est aggravée par le soulèvement royaliste de Vendée. Des mesures d'exception deviennent nécessaires. Les Girondins, qui s'y opposent, sont éliminés.

La Terreur

La Convention organise alors une véritable dictature. Un Comité de Salut Public où siègent Robespierre, Danton, Saint-Just, se voit confier les pleins pouvoirs. Pour décourager les trahisons « la Terreur est à l'ordre du jour » : des dizaines de milliers de personnes sont fusillées, noyées ou guillotinées. Le Comité décide de tout. Il taxe les prix et les salaires, envoie dans les départements des représentants en mission chargés de tous les pouvoirs. L'armée est réorganisée par Carnot et la levée en masse proclamée.

Grâce à ces mesures d'exception, la situation est rétablie dès la fin 1793. La Terreur pourtant ne diminue pas; le Comité, entraîné par Robespierre, l'aggrave. Hébert et Danton eux-mêmes sont envoyés à l'échafaud. C'est trop : tous ceux qui sont las de la Terreur ou craignent pour leur vie préparent une riposte : le 9-Thermidor Robespierre ne peut se faire entendre à la Convention; il est décrété d'arrestation avec vingt et un de ses amis. Il sera guillotiné le lendemain.

La Terreur est terminée.

La victoire de Fleurus, remportée en Belgique par Jourdan sur les Autrichiens (26 juin 1794), permit aux troupes françaises d'occuper la Belgique et la Hollande.
▼

Un sans-culotte parisien.

▲
Maximilien de Robespierre.

Les symboles de la nouvelle République proclamée le 21 septembre 1792.
▼

L'épopée impériale

◀ *Bonaparte, né en Corse dans une famille peu fortunée, s'est distingué lors des campagnes d'Italie et en Égypte.*

Amoindri par la guerre, le peuple est dans une grande misère qui contraste avec la fortune insolente de ceux qui se sont enrichis pendant la Révolution. La situation financière est catastrophique. Les prix grimpent vertigineusement et la monnaie ne vaut plus rien. Les armées mal entretenues (la guerre a repris en Allemagne et en Italie) vivent du pillage. Le brigandage réapparaît dans les campagnes. Profondément divisé, le gouvernement COLLÉGIAL, le Directoire, est incapable de faire face à la situation et se discrédite.

Cinq ans plus tard, un jeune général profite des désordres engendrés par le mécontentement et la faillite du Directoire pour le renverser et devenir le maître du pays (18-19-Brumaire) : il s'appelle Napoléon Bonaparte.

Le Consulat

Une nouvelle constitution permet à Bonaparte de concentrer pratiquement toute l'autorité entre ses mains. Nommé consul — c'est son nouveau titre — pour dix ans, il rétablit la paix intérieure, autorise les émigrés à rentrer et signe avec le pape un Concordat (1801), gage de la paix religieuse. Il procède à de vastes réformes administratives et judiciaires et crée la plupart des institutions sous lesquelles nous vivons encore aujourd'hui; les fonctionnaires sont désormais nommés par le gouvernement et, dans les départements, les

LES GUERRES RÉVOLUTIONNAIRES

1792 Victoire de Valmy et de Jemmapes.
1793 Première coalition (Autriche, Prusse, Angleterre, Espagne).
1794 Victoire de Fleurus.
1795 Traité de Bâle. Prusse et Espagne se retirent de la coalition. Occupation de la rive gauche du Rhin et des Pays-Bas autrichiens.
1796-97 Campagne d'Italie. Victoires de Lodi, Arcole, Rivoli. Les Autrichiens signent la paix de Campo-Formio.
1798-99 Expédition d'Égypte.
1799 Seconde coalition (Angleterre, Autriche).
1802 Paix d'Amiens.

LES GUERRES DE L'EMPIRE

1805 Troisième coalition (Angleterre, Autriche, Russie). Victoire d'Austerlitz, défaite navale de Trafalgar.
1806 Quatrième coalition (Angleterre, Prusse, Russie). Victoire de Iéna et d'Auerstadt.
1807 Bataille de Eylau et victoire de Friedland sur les Russes. Entrevue de Tilsitt où se noue l'alliance franco-russe.
1808 Guerre d'Espagne qui se prolongera jusqu'en 1814.
1809 Cinquième coalition (Angleterre, Autriche). Victoire de Wagram.
1812 Campagne de Russie.
1813 Sixième coalition (Angleterre, Prusse, Autriche, Russie). Défaite de Leipzig.
1814 Invasion de la France. Abdication de l'empereur. Première Restauration.
1815 Défaite de Waterloo.

préfets et les sous-préfets font respecter les lois. La justice est réorganisée et s'appuie sur le Code civil ou Code Napoléon (1804) qui uniformise les droits et les peines dans tout le pays. Napoléon crée les lycées et l'université, et fonde l'ordre de la Légion d'honneur.

Parallèlement il rétablit la prospérité économique; une nouvelle monnaie est créée, le franc germinal, qui restera en vigueur jusqu'en 1928. Il institue la Banque de France (1800).

Grâce à ses victoires, il contraint les Autrichiens et les Anglais à signer la paix (1802) mettant ainsi fin à dix ans de guerres. Sa popularité est immense. Après s'être fait nommer consul à vie (1802), il franchit le dernier pas en se faisant sacrer, sous le nom de Napoléon Ier, empereur des Français, le 2 décembre 1804.

La Révolution est terminée.

La France impériale

L'empereur s'entoure d'une cour nombreuse, rétablit l'étiquette et crée une noblesse d'empire. Omniprésent, Napoléon dirige tout et ne tolère ni opposition, ni contestation. Le développement de la police, placée sous les ordres du ministre Fouché, permet une surveillance étroite des citoyens, de la presse et de l'édition. La vie intellectuelle et artistique est soumise à son contrôle; il veut un art grandiose, imité de l'Antiquité.

Napoléon, cependant, réussit à faire oublier son despotisme en donnant à la France prospérité et gloire militaire.

La reprise des hostilités en 1803, à l'initiative de l'Angleterre inquiète de la politique annexionniste de l'empereur en Allemagne et en Italie, oblige Napoléon à combattre des coalitions sans cesse renaissantes. Pour y faire face, il dispose d'une armée de soldats de métier, les Grognards, aguerris et entièrement dévoués à sa personne. Jusqu'en 1809, l'armée impériale remporte contre les Autrichiens, les Russes et les Prussiens de grandes victoires : Austerlitz, Iéna, Friedland, Wagram. La France est à son apogée et connaît alors sa plus grande extension : elle compte cent trente départements.

Seule l'Angleterre, maîtresse des mers depuis la défaite de la flotte française à Trafalgar, demeure invaincue. Pour en venir à bout, Napoléon décrète un blocus continental qui interdit à toute marchandise anglaise de pénétrer sur le continent européen. Cette politique l'amène à étendre sans arrêt ses conquêtes.

L'occupation de l'Espagne qui immobilise ses meilleures troupes engagées dans une guerre d'escarmouches incessantes, la désastreuse campagne de Russie au cours de laquelle périt, vaincue par la faim et le froid, une grande partie de son armée, précipitent sa chute. L'empire ne résiste pas à la défaite de Leipzig et à l'invasion de la France. Trahi par ses maréchaux qui veulent la paix, abandonné de tous ceux qu'il a comblés d'honneurs, Napoléon abdique à Fontainebleau le 6 avril 1814. Le même jour, Louis XVIII, le frère de Louis XVI, est proclamé roi. Très vite, par des maladresses (remplacement du drapeau tricolore par le drapeau blanc à fleurs de lys), il dresse contre lui la population.

Marie-Louise, princesse d'Autriche, fut la seconde femme de Napoléon et lui donna un héritier, l'Aiglon. ▶

Le Dos Tres Mayos *peint par Goya montre la dureté de la répression contre le mouvement d'indépendance et de rejet des Français durant la guerre d'Espagne.*
▼

▲
L'empereur Napoléon par Gros.

Les Cent-Jours

Prisonnier à l'île d'Elbe, Napoléon profite du mécontentement populaire pour débarquer en Provence; aussitôt la population et l'armée se rallient à lui et Louis XVIII s'enfuit en Belgique. Mais Napoléon retrouve liguée contre lui toute l'Europe. Il reconstitue une armée, mais il est vaincu à Waterloo par les troupes anglaises et prussiennes. Déporté par les Anglais à l'île de Sainte-Hélène, Napoléon, abandonné par ses proches, meurt six ans plus tard.

Le peuple de France oublie alors son despotisme et ses ambitions démesurées, et ne voit plus en lui qu'un héros malheureux dont les soldats, les Grognards, répandent la légende dans tout le pays. En 1840, ses cendres seront ramenées et déposées en grande pompe aux Invalides.

L'EUROPE EN 1815

Réunies de juin 1814 à juin 1815, les quatre puissances victorieuses, auxquelles s'est jointe la France de la Restauration, ont procédé à un remodelage de la carte européenne. La France est ramenée à ses frontières de 1792 et tenue en respect par une chaîne d'états-tampons (royaume de Sardaigne-Piémont, Rhénanie Prussienne, royaume des Pays-Bas comprenant la Belgique et la Hollande. Une Confédération germanique composée de 34 états souverains et de 4 villes libres est établie; l'Italie est divisée en sept états sous domination autrichienne. Ce partage ne tenait pas compte des sentiments des peuples (Pologne, Belgique, Lombardie-Vénétie) et sera une source de conflits.

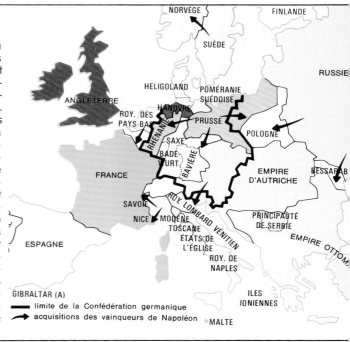

— limite de la Confédération germanique
→ acquisitions des vainqueurs de Napoléon

1

2

3

4

7

6

8

5

L'ÈRE DES MACHINES

Le vif élan pris par la pensée scientifique au XVIIIᵉ siècle va aboutir à un mouvement d'une incroyable puissance : l'ère des machines et de l'industrialisation.

La diversité et la complexité des découvertes obligent les savants à se spécialiser. Cette division du travail permet, dans tous les domaines, des progrès très rapides. Mais ce sont les applications pratiques des grandes découvertes qui vont bouleverser les structures du pays : par exemple la machine à vapeur qui remplace un peu partout la main-d'œuvre humaine et travaille plus vite, mieux et moins cher que l'homme. En 1848, il existe déjà plus de cinq mille machines à vapeur en France.

L'industrie, en se développant, crée des milliers d'emplois.

L'agriculture se modernise aussi et, du coup, les paysans se révèlent être trop nombreux : c'est l'exode rural vers les villes.

Les transports publics passent de la diligence aux trains.

Les postes, grâce à l'invention des timbres, deviennent un grand service public.

Les mouvements artistiques foisonnent, du romantisme au néo-classicisme, du réalisme à l'impressionnisme.

Les savants, tels Pasteur et Claude Bernard, font reculer les limites de la maladie.

Les idées sociales de réformes se répandent parmi la population. Tout indique que le pays est en train de changer.

Le XIXᵉ siècle est, sur un plan strictement national, une période de progrès, scandée par des révolutions et convulsions cycliques dont Paris est le théâtre. Dans l'ensemble ce siècle est l'amorce, le début de la transformation de la France en grande puissance industrielle et coloniale.

◀ *XIXᵉ siècle, temps de convulsions sociales et de révolutions parfois sanglantes comme celle de 1848 (1) et de la Commune (9); temps de conquêtes coloniales (5) qui dotent en quelques années la France d'un empire vingt-quatre fois plus étendu que son propre territoire; temps aussi de progrès scientifiques et industriels (4 - 8) qui trouvent leur apothéose dans cette figuration de la Fée électricité (2); temps d'un essor économique matérialisé, à partir du second Empire, par la stabilité du Franc (7); temps enfin de l'épanouissement artistique dans la diversité : au romantisme d'un Géricault (6) répond l'impressionnisme d'un Monet (3).*

Le siècle des Révolutions

Battu définitivement en 1815 à Waterloo, Napoléon est exilé à Sainte-Hélène. Le premier Empire s'achève dans le sang. Louis XVIII revient sur le trône.

C'est le retour à la monarchie.

La Restauration

Le roi a dû s'engager vis-à-vis de ses sujets et leur octroyer une constitution, une CHARTE qui promettait l'égalité de tous devant la loi, la liberté individuelle et du culte, et la liberté de la presse. C'est un compromis entre l'Ancien Régime et les aspirations issues de la Révolution.

Ce régime favorise encore trop les riches, car pour voter il faut payer des impôts. Ainsi une majorité de Français est-elle exclue de la vie politique.

Louis XVIII, que vingt-trois ans d'exil avaient rendu prudent, voire libéral, meurt en 1824. Son frère, Charles X, lui succède; il représente l'aristocratie farouchement contre-révolutionnaire, il veut revenir à l'Ancien Régime et commet une première erreur en se faisant sacrer en grande pompe à Reims... Il choisit des ministres réactionnaires et fait voter des lois de plus en plus restrictives, ce qui provoque le mécontentement populaire.

En juillet 1830, Charles X signe des ORDONNANCES qui limitent la liberté de la presse. Immédiatement Paris descend, les armes à la main, dans la rue : ce sont les Trois Glorieuses (27, 28, 29 juillet 1830). Charles X est contraint d'abdiquer et de quitter la France.

La Révolution redresse la tête...

Louis-Philippe, roi des Français, prêta serment à la Charte révisée devant les Chambres; il ne tint son pouvoir que de ce serment. ▶

Le Roi des Français

Les républicains ne sont pas assez forts pour imposer leur politique, mais ils n'ont pas tout perdu : Louis-Philippe Ier, devenu roi des Français, doit pour apaiser le peuple signer une nouvelle Charte révisée et réadopter le drapeau tricolore. La monarchie devient davantage constitutionnelle. La réalité du pouvoir appartient à la haute bourgeoisie qui participe ainsi directement aux affaires du pays et, en s'enrichissant, développe l'économie française.

Petit à petit, Louis-Philippe, secondé par son ministre Guizot, s'oppose aux idées de réforme.

Groupés autour de Ledru Rollin, les républicains et les SOCIALISTES réclament le suffrage universel, mais se contenteraient même d'un élargissement du suffrage... Le régime ne veut faire aucune concession. Au contraire, il durcit sa position et interdit les réunions politiques.

Le peuple de Paris se révolte à nouveau en février 1848. Les émeutiers réclament le départ de Guizot qui, après vingt-quatre heures de désordres et de barricades, démissionne; puis ils exigent le retour à la République.

Devant la violence des révolutionnaires, le roi des Français abdique. Les républicains ne veulent pas, cette fois-ci, se laisser voler leur révolution. Avec Louis Blanc, Lamartine, Ledru Rollin, ils forment un gouvernement provisoire de la République.

Fin de la monarchie constitutionnelle.

De la république à l'empire

Février 1848 voit le triomphe des républicains unis. Le gouvernement provisoire instaure le suffrage universel : d'un seul coup la France passe de deux cent mille électeurs à plus de neuf millions; il décrète

Lors des « Trois Glorieuses », le peuple de Paris, brandissant un drapeau tricolore, assiège un des bastions de l'Ancien Régime.
▼

la liberté de la presse et de réunions, supprime la peine de mort en matière politique, abolit l'esclavage et, sous la pression des ouvriers, proclame le droit au travail tout en réduisant la durée de la journée de travail.

Les grandes idées de 1789, liberté, égalité et fraternité, refont surface.

D'accord pour abattre la monarchie, les républicains se divisent et se déchirent une fois le roi exilé. Les modérés veulent continuer de profiter des progrès économiques, tandis que les socialistes (Barbès, Blanqui, Raspail) veulent changer la société en transformant les rapports économiques. Ils sont les porte-parole de milliers d'ouvriers qui forment, dans les villes, le PROLÉTARIAT.

Très vite les pauvres et les nantis s'affrontent : Paris va connaître de terribles batailles de rues et le général Cavaignac noie dans le sang les révoltes ouvrières.

A tant se battre entre eux, les républicains s'affaiblissent; la réaction guette. Aux élections de 1849, un de ses candidats, Louis-Napoléon Bonaparte, est élu. C'est le neveu de Napoléon et il s'est beaucoup servi de la gloire de son oncle.

Élu Président de la République, Louis-Napoléon Bonaparte laisse agir à l'Assemblée le parti réactionnaire qui, en votant la restriction du suffrage universel, fait son jeu personnel : Louis-Napoléon Bonaparte organise un coup d'état militaire, la France change de régime, elle devient le second Empire, et Louis-Napoléon Bonaparte prend le nom de Napoléon III.

Le progrès sera désormais avant tout économique et non plus social.

Napoléon III renoue avec une politique de fausse grandeur, de fastes inutiles, et pourtant c'est une période de prospérité pour la France qui devient une grande puissance économique.

La Commune

Napoléon III entraîne, en 1870, le pays dans une guerre contre les Allemands. Il la perd, et Paris est assiégé par les Prussiens,

La liberté, coiffée du bonnet phrygien de la Révolution et tenant à la main le drapeau tricolore, guide, tout au long du siècle, le peuple de France dans sa lutte contre les derniers sursauts de l'Ancien Régime. ▶

LA LIBERTÉ DE LA PRESSE

Les restrictions à la liberté de la Presse furent à l'origine de bien des mouvements populaires :

La Révolution eut vis-à-vis des rares gazettes une attitude modérée; l'empire, à partir du moment où il fut contesté, restreignit cette liberté jusqu'à imposer une censure préalable à toute publication.

Les journaux retrouvèrent une certaine liberté sous Louis XVIII, mais Charles X voulut, par ses ordonnances, rétablir la censure. Ce fut une des causes de la Révolution de 1830.

Plus libérales sous Louis-Philippe et surtout pendant la IIe République, les lois sur la Presse deviennent de plus en plus restrictives sous Napoléon III.

La IIIe République, d'abord méfiante, donnera un véritable statut aux journalistes en 1881.

Lors de l'entrée des « Versaillais » à Paris, il y eut de nombreuses exécutions sommaires. Celle du Père Lachaise, devant le Mur des fédérés, est restée dans la mémoire populaire. ▼

mais refuse de capituler et poursuit la lutte en instaurant la Commune de 1871. A son habitude, le peuple parisien se place à l'avant-garde du mouvement, mais l'expérience de la Commune tourne en guerre civile : l'Hôtel de Ville de Paris est incendié, les morts se comptent par milliers et le mouvement ouvrier est brisé net.

▲
Napoléon III, après avoir capitulé à Sedan, est amené en captivité entouré de ses vainqueurs. Au premier plan des soldats et officiers français lui tournent ostensiblement le dos.

L'aventure coloniale

Le XIXe siècle est pour la France, comme pour certains autres pays européens, une période d'expansion coloniale.

La conquête de l'Algérie

En 1830, Charles X, pour créer une diversion et masquer les problèmes intérieurs, décide d'occuper l'Algérie. Le prétexte est un coup de chasse-mouches donné à l'ambassadeur de France.

Pour venger cette humiliation, une armée de 36 000 hommes débarque à Alger. La ville est prise sans trop de heurts, mais ensuite, il faut conquérir tout le pays. Cela ne va pas se passer aussi facilement. Les Algériens réagissent à l'invasion française en se regroupant autour de leur jeune chef, Abd el-Kader.

Décidés à rejeter l'envahisseur à la mer, Abd el-Kader et ses hommes harcèlent les Français fixés le long de la côte... bientôt la guerre devient terrible et d'un genre nouveau : c'est la guerre coloniale. Pour prendre Constantine, il faudra se battre maison par maison, et chasser tous les habitants. Abd el-Kader applique la tactique de la guérilla. Son arme principale est la mobilité : ses soldats attaquent un poste avancé, puis disparaissent aussitôt dans la nature. Impossible d'affronter ces hommes qui ne sont fixés nulle part et arrivent quand on ne les attend pas.

L'armée française n'a pas l'habitude de ce type de guerre; une nouvelle méthode de combat est nécessaire. Le général Bugeaud le comprend fort bien et réorganise l'armée. Il crée des unités très mobiles, les colonnes légères, qui doivent poursuivre les soldats d'Abd el-Kader en utilisant leurs propres méthodes. Rapidement cette tactique s'avère payante. Abd el-Kader doit se réfugier au Maroc. Il réussit à convaincre le sultan de participer à une expédition contre les troupes françaises basées en Algérie; battu, il se rend aux Français en 1847.

Après la COLONISATION militaire, vient la colonisation civile. Bugeaud entreprend avec l'armée une grande œuvre de mise en culture du pays. Des routes, des villes et des ports sont créés; l'installation des premiers colons est facilitée. La mise en valeur de la colonie progresse très vite grâce aux techniques agricoles européennes.

La politique d'expansion

L'aventure coloniale ne fait que commencer; lentement, une doctrine, justifiant la politique d'expansion, s'élabore : pour se développer, l'IMPÉRIALISME européen doit s'assurer de points d'appui partout dans le monde. En échange, l'Europe apporte, dans ses bagages, sa civilisation, ses sciences et ses techniques qui paraissent tellement plus évoluées que les techniques indigènes. De plus, de très nombreux missionnaires s'efforcent de convertir au christianisme les autochtones.

Toute la politique coloniale est résumée par cette phrase de Jules Ferry : la France doit porter « partout où elle le peut, sa

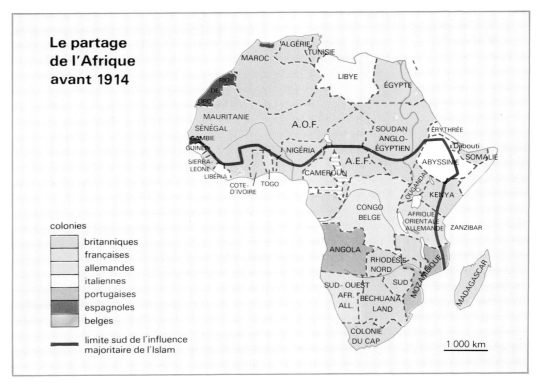

Le partage de l'Afrique avant 1914

colonies
- britanniques
- françaises
- allemandes
- italiennes
- portugaises
- espagnoles
- belges

━━━ limite sud de l'influence majoritaire de l'Islam

1 000 km

▲ Savorgnan de Brazza, officier de marine, explore, pour le compte de la France, le Congo et réussit à gagner la confiance des indigènes. Il se heurtera pour la conquête du haut Congo à Stanley.

▲ Le continent africain fut, durant le XIXᵉ siècle, le champ clos de l'expansion européenne. Toutes les puissances, grandes et moins grandes, voulurent se tailler un empire.

langue, ses mœurs, son drapeau, ses armes, son génie ». Tout cela alors justifie la colonisation.

Le monde de cette époque ne ressemble pas au nôtre. Sur la carte, d'immenses régions d'Afrique et d'Asie restent encore inconnues des Européens. Les grandes puissances se mettent d'accord entre elles pour que le premier arrivé conserve le territoire découvert. C'est l'époque des grands explorateurs qui, au nom de la France, prospectent et prennent possession de nouveaux pays.

Faidherbe, à partir de la vallée du Sénégal, organise des expéditions vers la Guinée, la Côte-d'Ivoire, le Niger, le Tchad qui deviendront des possessions françaises.

Plus au sud, Brazza explore le bas Congo et fonde le Congo français sans coup férir et en gagnant la confiance des indigènes.

Sous la IIIᵉ République, le mouvement va s'accélérer. Après l'Afrique, les visées françaises se porteront sur l'océan Indien et l'Asie du Sud-Est.

En 1895, une expédition dirigée par Galliéni est envoyée à Madagascar; la résistance est forte et organisée et les fièvres tuent près de 5 000 hommes : c'est la conquête coloniale la plus meurtrière.

L'amiral Courbet achève la conquête du Tonkin et l'Annam doit accepter le protectorat français; toute l'Indochine, c'est-à-dire le Viêt-nam, le Laos et le Cambodge actuels, entre dans l'orbite française.

En quelques années, la France se crée un empire colonial de près de 12 millions de kilomètres carrés peuplés de 60 millions d'habitants. De grande puissance européenne, la France devient une grande puissance mondiale, à égalité avec l'Angleterre et l'Allemagne.

▲ L'humour de cette affiche montrant le « lapin » marocain écartelé entre l'Allemagne, l'Espagne et la France rend peu compte des tensions que connut l'Europe de 1905 à 1911 à cause de la « question marocaine » :
1905 : Guillaume II débarque à Tanger et provoque la rupture des négociations franco-marocaines en cours.
1908 : Nouvel incident franco-

allemand qui aboutit à un accord : la liberté et l'égalité économiques des nationaux sont reconnues.
1911 : Une canonnière allemande est envoyée à Agadir. Les Anglais s'unissent aux Français pour refuser l'implantation allemande. La France obtient la liberté d'action au Maroc mais doit céder à l'Allemagne une partie du Congo français.

La IIIᵉ République

Comme toutes les républiques, la IIIᵉ République est née dans la confusion, et aussi dans l'indignation de la défaite subie par Napoléon III face aux Allemands. L'empire s'est désagrégé en quelques jours et, devant le vide des institutions, un gouvernement provisoire, avec à sa tête « monsieur Thiers », est formé.

L'existence de la République est d'abord précaire et il faudra cinq ans pour qu'elle soit reconnue, et que le parti républicain, grâce à l'impulsion de Gambetta, puisse prendre les rênes du pouvoir.

La constitution de 1875

La constitution de 1875 établit la république parlementaire. La Chambre des députés, élue pour 4 ans au suffrage universel direct, et le Sénat s'occupent des lois. Le Président de la République, élu pour 7 ans par les deux Chambres (Députés et Sénat) dirige l'exécutif c'est-à-dire dispose de l'armée, nomme à tous les emplois, partage avec les membres du Parlement l'initiative des lois, possède le droit de grâce. Le triomphe des républicains est assuré en 1879 lorsqu'un des leurs, Jules Grévy, devient Président de la République. La même année, la majorité du Sénat devient républicaine.

Ce régime fonctionnera pendant plus de soixante ans, jusqu'en 1940.

La IIIᵉ République va connaître de nombreuses crises et l'affaire Dreyfus va diviser la France et modifier les forces et l'équilibre des partis.

LE SUFFRAGE UNIVERSEL

Allégorie du XIXᵉ siècle représentant le suffrage universel. Le vote de tous les citoyens majeurs a été la grande revendication du XIXᵉ siècle.

Le suffrage censitaire, tributaire de la fortune, des impôts payés, a été, avec des variantes diverses, la règle jusqu'en 1848 : le CENS était haut lorsque le régime était sévère, baissait lorsqu'il se libéralisait; ainsi le nombre des électeurs, peu élevé au début de la Restauration, était plus faible encore à la veille des « Trois Glorieuses ».

La monarchie constitutionnelle diminua d'un tiers le cens; ceci, joint à une amélioration de la situation économique, quadrupla les électeurs entre 1830 et 1846. La IIᵉ République établit le suffrage universel, mais elle ne dura que trois ans.

Napoléon III parvint à diminuer la portée du suffrage universel en instituant les candidatures officielles.

Ce n'est que sous la IIIᵉ République qu'il fut utilisé correctement mais toujours au seul profit des hommes.

Les grandes réformes

Malgré une instabilité certaine, les gouvernements de la IIIᵉ République ont accompli un travail législatif très important, les réformes donnent au régime un caractère laïque, libéral, et plus démocratique.

La liberté de la presse est garantie par la loi de 1881. La liberté de réunion est ensuite acquise. En 1884, une loi autorise la formation des SYNDICATS professionnels. En 1901, c'est la reconnaissance totale du droit d'association.

La liberté de conscience est établie, la liberté religieuse définitivement fixée par la loi de séparation des Églises et de l'État (1905). Toutes ces lois libérales s'accompagnent d'un effort de démocratisation dans tous les domaines, notamment dans le domaine de l'éducation. Le ministre Jules Ferry rend l'école primaire obligatoire et gratuite pour tous de 6 à 13 ans. L'idée est de permettre au peuple l'accès à la culture, à la connaissance et ainsi de le tirer de la misère. L'enseignement technique se développe, les filles ont, enfin, des lycées et des collèges, on crée dans le pays des universités regroupant les facultés des sciences, des lettres, de droit et de médecine.

◄ *La dégradation d'Alfred Dreyfus peu avant sa déportation au bagne de l'île du Diable en Guyane. Émile Zola tenta d'obtenir la révision du procès en dénonçant dans J'accuse l'erreur judiciaire et les intrigues. Aussitôt, les passions se déchaînèrent et « l'affaire » sema la brouille dans les partis politiques comme dans les familles. Les uns luttant pour « la justice et la liberté » créèrent la Ligue des droits de l'homme et du citoyen tandis que les autres combattaient pour l'honneur de l'armée.*

célèbre tour métallique. En 1900, l'exposition universelle de Paris montre au monde la puissance et la richesse de la France. Paris est illuminé grâce à la Fée électricité. On pense alors que le progrès va venir à bout de toutes les souffrances humaines; la vie semble meilleure, plus juste, aucune guerre ne se profile à l'horizon; tout a un sens : c'est la Belle Époque.

Hélas, ces beaux rêves ne durent pas longtemps; tout bascule lorsqu'en août 1914, le monde entier entre dans la Première Guerre mondiale.

La IIIe République résiste à cet horrible conflit, mais la certitude d'aller vers le progrès et le bonheur de l'humanité et de la France en particulier reste enterrée dans la boue des tranchées de la Grande Guerre.

L'armée aussi se transforme : la loi de 1905 institue le service militaire obligatoire de deux ans pour tous.

Pour la première fois, les transformations de la société française profitent à tous. L'essor économique est général, comme en témoigne la politique de grands travaux qui est menée; en 1870, le réseau de chemin de fer n'était que de 18 000 km, il triplera en quelques années.

L'organisation du travail

L'État prospère et décide d'intervenir plus directement dans l'organisation du travail. Les ouvriers, de plus en plus nombreux, luttent pour améliorer leurs conditions de vie. Les syndicats d'une même profession peuvent se grouper en fédération nationale, les fédérations elles-mêmes se regroupent : en 1895, une Confédération Générale du Travail (CGT) est créée.

Avec l'aide de l'État, et à la suite des luttes sociales, le Parlement vote un *Code du travail et de la prévoyance sociale*. La durée du travail est réglementée (1900), le repos hebdomadaire obligatoire (1906). Les conditions de travail restent encore très pénibles.

Les syndicalistes sont à l'origine d'une organisation du monde ouvrier qui se sent de plus en plus fort et mieux protégé contre les abus du patronat. Les syndicats, dont l'action au début est surtout défensive, cherchent à organiser les travailleurs dans un but de plus en plus revendicatif. Au congrès d'Amiens, l'émancipation des travailleurs, par le moyen de la grève générale, est demandée.

Les travailleurs, qui disposent de leur propre organisation, ont les moyens de se faire entendre du monde politique.

Le XIXe siècle s'achève sur une apothéose : c'est l'époque des grandes expositions universelles. Pour celle de 1889, l'ingénieur Eiffel construit, en plein Paris, sa

AUJOURD'HUI, LA FRANCE

Le véritable passage du XIXe au XXe siècle s'effectue en 1914, lorsque débute la plus meurtrière et la première des guerres mondiales.

La fin de la guerre annonce des bouleversements à l'échelle planétaire qui ne laissent pas notre pays à l'abri de mutations :

— Politiques : trois Républiques se sont succédé depuis le début du siècle,

— Technologiques : la démocratisation de l'automobile, la fulgurante conquête du ciel puis de l'espace, les moyens de communication de plus en plus élaborés, de plus en plus présents dans la vie quotidienne, annulent les distances et provoquent des bouleversements jusque dans les modes de vie et de pensée.

Ces progrès n'ont pas été acquis sans peine et sans lutte : lors de la Seconde Guerre mondiale, des centaines de milliers d'hommes sont morts pour la liberté.

De cette guerre, plus atroce et plus dévastatrice encore que la précédente, la France sort ruinée, son prestige entamé. Elle relève ses ruines et mène simultanément d'autres guerres, des guerres coloniales en Indochine, en Algérie, qui provoquent des tensions sociales et politiques : la IVe République périt des remous provoqués par la guerre d'Algérie.

La France retrouve, avec la Ve République, son prestige international et achève la décolonisation. Bientôt la société d'abondance ne suffit plus aux jeunes : Mai 68, révolte d'étudiants doublée de grèves, sera le signe d'un changement des mentalités.

La crise économique de 1973, due initialement au renchérissement du pétrole, montre la fragilité de l'économie mondiale et nationale et provoque le chômage de millions de personnes.

Le 10 mai 1981, François Mitterrand gagne les élections présidentielles et, à la suite d'élections législatives, la gauche devient majoritaire à l'Assemblée Nationale.

◀ *61 ans séparent la première traversée de la Manche en avion (1) de ce merveilleux oiseau qu'est le Concorde (7), ainsi se trouve résumé ce siècle où l'homme a découvert une nouvelle énergie, l'atome (8), où l'urbanisme et l'architecture (5) se sont radicalement transformés. Ce siècle, qui a su rendre sa place, grâce à la voix d'un Jaurès (3), au monde ouvrier dont les revendications, ici les congés payés, ont inspiré des artistes comme Fernand Léger (6), est dominé par l'impérialisme économique et territorial : à l'exposition de 1937, à Paris, se dressent face à face les pavillons allemand et soviétique (2), présages d'une guerre que le général de Gaulle contribua à gagner par son appel du 18 juin (4).*

La Grande Guerre

Depuis la fin du XIXᵉ siècle, l'économie européenne connaît une expansion qui ne se ralentit pas. Aussi la concurrence est-elle de plus en plus âpre; chaque marché, chaque concession devient une affaire de gouvernement, et les rivalités économiques aiguisent les tensions internationales. Tous les gouvernements affirment vouloir maintenir la paix, tout en préparant activement la guerre. Cette « course aux armements », et en particulier aux armements les plus nouveaux, tanks, avions, etc, traduit la montée des rivalités entre pays européens.

L'expansion coloniale déjà a failli provoquer plusieurs affrontements. De plus, la France n'a jamais admis la perte de l'Alsace-Lorraine; nombreux sont ceux qui veulent une revanche sur l'Allemagne qui, depuis sa victoire de 1870 et son unification, est devenue une grande puissance. Elle s'est armée scientifiquement et méthodiquement, et possède en ce début de siècle une des meilleures et des plus nombreuses armées au monde. Elle ambitionne de jouer un rôle prépondérant en Europe.

Chacun se cherche des alliés; l'Europe se divise en deux camps : l'ENTENTE réunit la France, la Russie et après un temps la Grande-Bretagne; l'autre bloc, Allemagne, Autriche-Hongrie, Italie, forme la TRIPLICE.

La tension monte lentement. La France et l'Allemagne se heurtent pour la domination du Maroc. L'Autriche-Hongrie et la Russie s'affrontent dans les Balkans, pour le contrôle de l'Europe du Sud-Est. L'Europe ressemble de plus en plus à une poudrière que la moindre étincelle va faire exploser.

L'Europe dans la guerre

En août 1914, à Sarajevo en Serbie, l'archiduc héritier d'Autriche et sa femme sont assassinés. Par le jeu des alliances et des traités, aussitôt toute l'Europe est en guerre. Une formidable vague de NATIONALISME secoue les belligérants. On part pour une guerre courte et joyeuse. Les soldats défilent la fleur au fusil devant les foules en délire.

C'est la fin de la Belle Époque, la fin du rêve de progrès pour l'humanité, le début de la Première Guerre mondiale, la plus meurtrière de tous les temps.

La guerre de mouvement

Les Allemands prennent l'initiative, et attaquent les armées françaises en passant par la Belgique, pays neutre. Ils espèrent ainsi contourner les Français, pour les encercler. Ils parviennent à percer les lignes françaises et se dirigent vers Paris. Mais au lieu de prendre la ville, les Allemands préfèrent obliquer vers le sud-est et traverser la Marne. Le maréchal Joffre choisit ce moment pour contre-attaquer. Avec l'aide des soldats de la place de Paris commandés par Galliéni et venus en taxis, les Français remportent, au bout de six jours, la bataille de la Marne; les Allemands sont contraints de reculer jusqu'à l'Aisne. Incapables d'emporter la victoire, les deux adversaires tentent de se déborder l'un l'autre par l'ouest. Le front glisse, par une succession de batailles, vers la mer du Nord : d'où le nom de « course à la mer » qui s'achève par la bataille de l'Yser, atroce tuerie qui dure

REGARDEZ PASSER LA PATRIE !
CHANT POPULAIRE

Paroles et Musique de
EMILE TRÉPARD

◀ La guerre sera courte, nous défilerons à Berlin : la grande illusion.

plus d'un mois dans la boue et l'eau des Flandres.

Le front est stabilisé, les armées s'enterrent le long d'une ligne qui va de la frontière suisse à la mer du Nord, en Belgique. On construit des deux côtés des tranchées, que l'on protège avec des barbelés, des mines, des mitrailleuses. La guerre de mouvement se transforme en guerre de tranchées qui durera quatre ans.

La guerre de tranchées

Le nord et l'est de la France sont occupés par les Allemands ainsi qu'une grande partie de la Belgique. Les soldats vivent dans des conditions épouvantables : boue, froid, mauvais ravitaillement, conditions d'hygiène déplorables. Cette guerre d'endurance est interrompue par de grandes offensives. Les soldats doivent sortir des tranchées, baïonnette au canon, pour aller attaquer en face les tranchées ennemies. Ces attaques sont précédées de tirs d'artillerie et de bombardements violents. Chaque attaque fait des morts par milliers. On se bat partout, en Champagne, sur la Somme, dans l'Aisne. A Verdun (1916), il tombe un obus par centimètre et chaque adversaire aura 500 000 morts. Malgré ces combats acharnés, le front ne bouge pratiquement pas. Les hommes meurent pour seulement quelques centaines de mètres, au mieux quelques kilomètres. Chaque camp a ses héros, ses martyrs. Chaque village de France compte ses morts.

Le tournant décisif

En 1917 un sous-marin allemand torpille et coule un navire anglais, le Lusitania, qui transportait de nombreux passagers américains. Cette attaque va pousser les États-Unis à entrer dans la guerre aux côtés des Alliés. Dès lors, grâce à l'aide américaine, le camp victorieux se précise. 200 000 soldats américains débarquent chaque

▲
Les tranchées tracent sur le sol un gigantesque zigzag de la mer du Nord à l'Alsace. Étroites, peu profondes, protégées quand cela est possible par des sacs de sable, les tranchées resteront dans la mémoire des combattants comme un cauchemar.

Une des premières batailles de tanks, une attaque américaine en 1918.
▼▼

Cette vue générale de la bataille de la Marne montre l'importance des effectifs engagés.
▼

mois en France. Ils viennent prendre la relève des troupes françaises, anglaises et belges, épuisées et décimées par trois ans de combats meurtriers. De plus les États-Unis accordent une aide matérielle importante aux Alliés qui font un véritable blocus des Empires Centraux; la victoire n'est plus qu'une question de temps, et malgré une dernière attaque allemande au Chemin des Dames en 1918, la guerre est perdue.

Asphyxiée économiquement par un blocus naval sévère, ne pouvant combler ses effroyables pertes en vies humaines, secouée par des révoltes et des mutineries, l'Allemagne est obligée de capituler sans conditions le 11 novembre 1918. Le traité de Versailles qui met fin à la guerre impose de dures conditions aux vaincus. L'Allemagne rend à la France l'Alsace et la Lorraine et paie de lourdes RÉPARATIONS aux Alliés. L'empire Austro-Hongrois est démantelé et réduit à la seule Autriche. La Hongrie, la Tchécoslovaquie, la Pologne, la Yougoslavie deviennent des pays indépendants : la carte de l'Europe est changée.

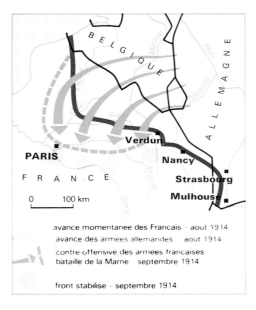

avance momentanée des Français – août 1914
avance des armées allemandes – août 1914
contre-offensive des armées françaises
bataille de la Marne – septembre 1914

front stabilisé – septembre 1914

Les Années Folles

▲
On danse avec frénésie au lendemain de la guerre; dans les dancings une foule mêlée, aux mœurs et aux gestes équivoques, se presse.

La France a payé cher sa victoire : 1 500 000 jeunes gens sont morts; dans chaque village un monument aux morts témoigne du sacrifice de ses fils. Démographiquement le pays est affaibli. L'essor industriel a été freiné; les dettes, pour financer l'effort de guerre, sont énormes. Reconstruire le nord et l'est ravagés est la tâche la plus urgente. La « génération du feu », à jamais marquée par quatre années d'horreur, est résolument pacifiste : la création de la SOCIÉTÉ DES NATIONS (SDN) marque la volonté de tous les peuples de résoudre dorénavant les problèmes autrement que par les armes.

Les femmes ont, durant la guerre, ▶ remplacé dans tous les secteurs d'activité les hommes partis au front. Dans un atelier, des femmes achèvent la fabrication d'obus.

Les transformations économiques et sociales

Cependant les Français ont une extraordinaire envie de vivre, de s'amuser, de retrouver l'insouciance des temps de paix. La radio, le cinéma, la danse, tous ces plaisirs oubliés pendant la guerre reviennent en force : c'est la grande vogue du jazz venu des États-Unis. Une vision moderne de la création artistique s'impose dans tous les domaines : théâtre, peinture, décoration, ameublement...

L'apparition des femmes, durant la guerre, dans des secteurs d'activité jusque-là réservés aux hommes a entraîné une grande transformation dans les mentalités et les habitudes. La femme réclame de nouveaux droits et manifeste son indépendance jusque dans les plus petits détails (cheveux coupés à la « garçonne », robes courtes...).

La vie économique est bouleversée par la croissance urbaine, la modernisation de l'industrie, le retour des départements occupés, la généralisation de certains biens considérés jusqu'alors comme objets de luxe : la voiture conquiert une large clientèle grâce aux progrès — là aussi imités des Américains — de sociétés comme Renault, Peugeot ou Citroën.

L'aviation a profité des besoins et des expériences de la guerre pour prendre son essor. Le cinéma muet, grâce à une production massive de films, fait partie des besoins quotidiens.

La vie, après la grande halte de la guerre, paraît avoir repris son rythme égal d'avant-guerre et pourtant dès 1919, une vague de grèves très graves secoue le pays et annonce d'autres orages.

◀ *« Plus jamais cela » semble dire cet enfant en arrivant à la fin de la longue liste des noms écrits sur ce monument aux morts.*

La mode 1925 fait une silhouette ▶ souple et déliée, symbole de la nouvelle place de la femme dans la société.

◀ Paris a toujours été prompte à des toquades. La Revue nègre fut, entre les deux guerres, une de celles-ci.

Les difficultés intérieures

Pendant la GRANDE GUERRE le monde politique est lui aussi en sommeil : tous sont tendus vers la victoire, les différends d'idées disparaissent provisoirement; le mouvement ouvrier lui-même est très peu actif. Après l'armistice, alors que la vie politique reprend, le mouvement ouvrier va se diviser gravement; en 1920, le congrès de Tours exprime la profondeur de la crise qui déchire le parti socialiste : certains soutiennent la IIIe Internationale Communiste dont le siège est à Moscou, ainsi que la jeune révolution soviétique. De cette scission entre socialistes est né le parti communiste français (PCF).

L'instabilité gouvernementale est grande en raison de la difficulté à maintenir une alliance entre les partis. Néanmoins les gouvernements qui se succèdent (Clémenceau, Poincaré, Millerand, Herriot) s'efforcent de rétablir l'économie et, en tout premier lieu, d'assurer à la France des rentrées fiscales régulières grâce à la création de l'impôt sur le revenu et à la taxe sur le chiffre d'affaires (1920). La stabilisation du franc sera l'œuvre de Poincaré (1928).

Mais l'économie de la France dépend aussi de celle du reste du monde. Or, en 1929, une formidable crise économique secoue les États-Unis : en très peu de temps des centaines d'entreprises font faillite et les chômeurs se comptent par millions. Les échanges et le développement se ralentissent.

La France subit tardivement le choc de la crise mais elle coïncide avec un accroissement du mécontentement politique et les adversaires de la République refont surface. Le régime parlementaire est d'autant plus critiqué qu'il n'est plus le seul modèle : en Italie et en Allemagne des régimes

FASCISTES, fondés sur la dictature d'un parti unique et de son chef (DUCE ou FÜHRER), sont apparus. En France la situation politique se dégrade; les gouvernements se succèdent à un rythme accéléré et des scandales secouent le monde politique et financier; tout cela fournit des arguments politiques aux différentes ligues fascistes et antiparlementaires.

Le 6 février 1934, une manifestation, regroupant plus de 100 000 personnes, se réunit à Paris, place de la Concorde. Briscards et Croix de feu veulent marcher sur la Chambre des députés. Pendant quelques heures on tremble pour la République. Il y a des fusillades et une centaine de victimes.

Les marcheurs de la faim venus du Nord-Pas-de-Calais arrivent à Paris en décembre 1933. ▼

Le Front populaire

Le Front populaire gagne les élections d'avril-mai 1936 en fondant sa campagne sur un programme modéré résumé par ces trois mots « pain, paix et liberté ». Léon Blum forme un gouvernement composé de socialistes et de radicaux et soutenu par les communistes qui n'y participent point.

Une vague de grèves, qui touchent deux millions de travailleurs, déferle sur le pays bientôt accompagnée d'occupations d'usines.

Léon Blum réunit alors les représentants du patronat et de la CGT pour une grande négociation : le 7 juin les accords Matignon sont signés : les salaires sont sensiblement augmentés, le droit syndical est reconnu dans l'entreprise, la pratique des conventions collectives par secteur d'activité est généralisée. Des lois sont votées qui accordent aux salariés quinze jours de congés payés par an et limitent à 40 heures la durée de la semaine de travail. Les industries de guerre sont nationalisées. Un esprit nouveau règne dans la vie politique et quotidienne des Français.

▲
Le fascisme ne passera pas : première riposte unitaire le 12 février 1934.

La manifestation du 6 février 1934 fait prendre conscience aux partis de gauche de la nécessité de s'unir. Les communistes signent en juillet 1934 un pacte d'unité d'action : l'année suivante, pour le 14 juillet, 500 000 personnes défilent à l'appel de la SFIO, du PCF et des radicaux. En mars 1936 l'unité syndicale est réalisée. Tous ces événements annoncent le prochain succès électoral de la gauche.

◄ *La manifestation du 6 février 1934 vue :*
— par la gauche : les 200 familles assassinent le peuple de Paris,
— par la droite : un massacre d'anciens combattants désarmés par des gouvernants solidaires des voleurs.
▼

Les nuages s'amoncellent

Une fois l'euphorie de l'été et des premiers congés payés passée, force est de reconnaître la gravité de la situation économique : stagnation de la production, hausse vertigineuse des prix... Le gouvernement est contraint de dévaluer le franc; mais les bienfaits de cette mesure financière ne sont pas durables et Léon Blum décide en février 1937 de suspendre la suite des réformes prévues au programme du Front populaire. Cette « pause » dans les réformes sociales ne suffit pas à redresser l'économie et permet à une opposition violente de se déchaîner :

— la presse de droite lance une campagne antisémite contre les membres israélites du gouvernement, et, en tout premier lieu, Léon Blum,

— une campagne de calomnies se développe contre certains ministres : on accuse le ministre de l'Intérieur Georges Salengro d'avoir déserté durant la guerre et on le pousse ainsi au suicide,

— les ligues de droite, qui avaient été dissoutes, se reconstituent sous d'autres noms et recommencent une agitation,

— la gauche se divise profondément sur la guerre d'Espagne : le gouvernement aurait voulu apporter son aide à la jeune République espagnole mais se heurte à l'opposition des ministres radicaux et d'une partie des socialistes alors que les communistes réclament des avions et des canons pour l'Espagne.

Le gouvernement devant cette opposition intérieure et aussi la volonté de non-intervention de ses alliés, en particulier de l'Angleterre, décide de demander aux grandes

Ce sont des Anciens Combattants sans armes qui criaient
"A BAS LES VOLEURS ! VIVE LA FRANCE"
que le Cartel a fait tuer le 6 Février 1934

▲ *Orchestre ouvrier dans une usine en grève et occupée.*

▲ *Les premiers congés payés dans une gare parisienne.*

puissances européennes un traité de « non-intervention ».

Léon Blum, violemment attaqué au Sénat sur sa politique économique, démissionne en juin 1937. L'expérience du Front populaire, pour courte qu'elle fût, reste pour de nombreux Français comme un moment privilégié où a soufflé un esprit nouveau sur la vie politique.

La marche à la guerre

La situation se dégrade rapidement et sensiblement dans toute l'Europe :

— l'Italie de Mussolini, surpeuplée, cherche une colonie et envahit l'Ethiopie (1936),

— l'Allemagne d'Hitler s'arme intensivement et se prépare à de grandes conquêtes,

— l'Autriche, la première victime, est annexée en février 1938; le territoire des Sudètes, région nord de la Bohême, est la proie suivante. Devant les protestations de la Tchécoslovaquie, les Anglais et les Français décident de rencontrer les Italiens et les Allemands à Munich; les premiers finissent par accepter les demandes d'Hitler contre sa promesse de ne plus formuler aucune revendication territoriale en Europe...

Les accords de Munich (29 septembre 1938), bien loin d'éloigner la guerre, permettent à Hitler d'occuper Prague (1939) sans coup férir, et de préparer l'invasion de la Pologne.

Le bruit des bottes, le grondement des tanks ne trompent pas : la guerre est là.

A son grand étonnement, la foule acclame ▶ Daladier à son retour de Munich : la France croyait à un apaisement alors que ce n'était qu'une « reculade ».

HISTOIRE DU MOUVEMENT OUVRIER

1800-1850	Création de sociétés de Secours mutuel contre la maladie et le chômage qui évoluent en sociétés de résistance.	1884	Loi Waldeck-Rousseau : reconnaissance des syndicats.
		1895	Constitution de la CGT.
		1905	Création de la SFIO (Socialiste).
1831	Révolte des canuts de Lyon.	1919	IIIᵉ Internationale (Moscou).
1834	Les grèves touchent 20 000 travailleurs.	1920	Congrès de Tours : scission dans le mouvement socialiste : la majorité adhère à la IIIᵉ Internationale et forme le Parti communiste. La minorité reste dans la SFIO.
1848-Février	Création des Ateliers nationaux.		
1848-Juin	Fermeture des Ateliers nationaux. Révolte des ouvriers de Paris. Répression.	1921-1922	Scission de la CGT qui se réunifiera en 1934 devant le péril fasciste.
1864	Loi sur la liberté de coalition.	1936	Front populaire - Accords Matignon : loi sur les congés payés, semaine de 40 heures, conventions collectives, représentants du personnel.
1871	Commune de Paris.		
1880	Création du Parti ouvrier français sous la direction de Jules Guesde.		

La Seconde Guerre mondiale

Le 1er septembre 1939 l'armée allemande envahit la Pologne; le surlendemain la Grande-Bretagne et la France, honorant leur traité avec le pays envahi, déclarent la guerre à l'Allemagne. En quelques semaines les nazis écrasent la valeureuse armée polonaise en dépit d'une résistance acharnée. Les Français, se croyant à l'abri d'une invasion parce que protégés par une série de fortins tout le long de la frontière franco-allemande, la ligne Maginot, attendent le choc décisif.

La drôle de guerre

La guerre, faite d'escarmouches et d'attentes, dure de long mois, jusqu'au printemps 1940. Alors les Allemands, qui avaient mis au point une nouvelle tactique de « guerre éclair » utilisant toutes les ressources motorisées modernes, envahissent en quelques jours la Hollande, le Danemark, la Belgique. Les colonnes de chars allemands appuyées par l'aviation et en particulier par des chasseurs bombardiers qui attaquent en piqué, démoralisent les populations et provoquent un afflux de réfugiés belges et ensuite français vers l'intérieur du pays.

Les armées françaises sont bientôt enfoncées, les Anglais sont encerclés dans Dunkerque; ils réussissent à évacuer une grande partie de leurs troupes grâce à un véritable pont naval qui s'établit sur la Manche. Le 14 juin 1940 les Allemands entrent dans Paris et défilent sur les Champs-Elysées. La débâcle des armées anglo-françaises est complète.

Devant l'ampleur de la catastrophe le gouvernement tombe; le maréchal Pétain, héros de Verdun, prend le pouvoir. Son prestige est alors immense et une majorité

▲
L'exode sur les routes des civils fuyant devant l'avancée des troupes allemandes.

de Français lui fait confiance. Le 16 juin il demande un armistice et ordonne à l'armée de cesser le combat.

Le 18 juin, de Londres où il s'est réfugié avec une poignée de Français qui, d'eux-même, s'appellent « libres », Charles de Gaulle lance un appel à la résistance. Le 23 juin l'armistice est signé, la France est coupée en deux : les Allemands occupent le nord et la façade atlantique jusqu'à la frontière espagnole. Le gouvernement est réfugié à Vichy avec Pétain; le Parlement, réuni dans cette ville, donne le pouvoir constituant au maréchal.

C'est la fin de la IIIe République.

Pendant ce temps la France combattante s'organise; le gouvernement britannique reconnaît de Gaulle comme le chef des Forces Françaises Libres (FFL). La répression nazie commence très tôt : le 22 octo-

L'un des nombreux charniers découverts lors de la libération des « camps de la mort » par les Alliés.
▼

bre, à la suite d'un acte de résistance, des otages sont fusillés à Nantes, Bordeaux et Chateaubriant.

Victoires allemandes

Les troupes allemandes, qui occupent outre la France, la Belgique, la Hollande, le Danemark, la Norvège, envahissent, au début de 1941, la Yougoslavie et la Grèce.

Les troupes italo-allemandes avancent en battant les Anglais vers la frontière égypto-libyenne.

Les FFL, après une courte bataille, sont victorieuses des troupes vichyssoises en Syrie et au Liban.

Le 22 juin, Hitler lance son armée contre l'URSS.

En décembre, les Japonais attaquent par surprise la flotte des États-Unis à Pearl-Harbour : ces derniers entrent dans la guerre aux côtés des Alliés.

On se bat partout en Europe, en Afrique, en Asie, en Océanie.

La Résistance

En France, dès juin 1940, la RÉSISTANCE s'organise : des réseaux et des mouvements clandestins se développent en zone libre comme en zone occupée. Des milliers de personnes entrent dans le combat contre les occupants et les COLLABORATEURS. La répression est féroce : exécution ou déportation dans des camps de concentration.

La loi sur le statut des juifs en France autorise l'arrestation et la déportation de dizaines de milliers d'israélites. La France collaboratrice a contribué (arrestations du Vel d'Hiv) au GÉNOCIDE du peuple juif organisé systématiquement dans toute l'Europe par les nazis.

◀ *L'entrevue entre Pétain et Hitler à Montoire est le point de départ de la collaboration entre le gouvernement de Vichy et les nazis.*

▲ *Jean Moulin, chef sur le territoire français du Conseil National de la Résistance.*

De Gaulle, entouré de quelques hommes qui s'illustreront durant l'après-guerre, descend triomphalement les Champs-Élysées après la libération de Paris.
▼

Le tournant

La fin de 1942 marque le tournant de cette guerre : la progression allemande est arrêtée devant Stalingrad et le maréchal von Paulus capitule devant les Soviétiques. L'Afrika Korps de Rommel est repoussé par l'armée anglaise à El Alamein en Egypte.

Les troupes anglo-américaines débarquent en Afrique du Nord en novembre 1942. En France, les Allemands envahissent la « zone libre » et à Toulon la flotte française se saborde pour ne pas être prise.

En juillet 1943 les Alliés débarquent en Sicile puis en Italie. La Résistance gagne toute la France : des maquis armés attaquent par surprise des garnisons allemandes; le 15 mai les différents mouvements de Résistance fusionnent et forment le CONSEIL NATIONAL DE LA RÉSISTANCE. Le 1er octobre, de Gaulle devient Président du Comité Français de Libération Nationale qui deviendra en juin 1944 le Gouvernement Provisoire de la République.

Le 6 juin 1944, les Alliés débarquent en Normandie, le 15 août ils débarquent en Provence, le 25 août Paris est libéré par les blindés du général Leclerc. A l'Est les troupes soviétiques progressent vers Berlin tandis que les Alliés, continuant leur progression, pénètrent en Allemagne.

Le 8 mai 1945 les Allemands capitulent sans conditions : c'est la fin de la guerre en Europe. Quelques mois plus tard les Japonais capitulent à leur tour.

La Seconde Guerre mondiale s'achève par l'écrasement total du nazisme et du fascisme.

L'après-guerre

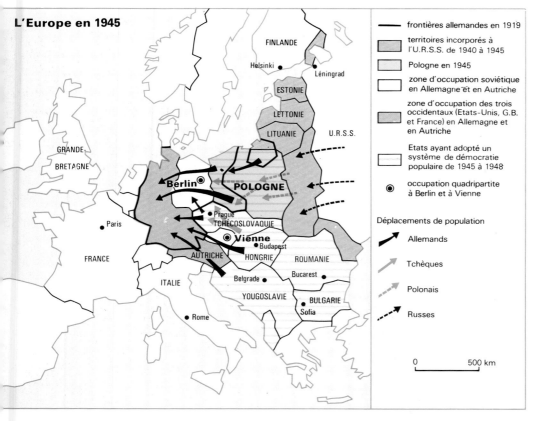

Jean-Paul Sartre symbolise l'élan intellectuel des jeunes après guerre.

Cette carte de l'Europe à la fin de la guerre montre combien cette partie du monde a été bouleversée :
— l'Union Soviétique occupe désormais l'Estonie, la Lettonie et la Lithuanie;
— la Pologne, la Tchécoslovaquie, la Hongrie, la Roumanie, la Bulgarie et la Yougoslavie deviennent, après guerre, des démocraties populaires et passent dans l'orbite soviétique;
— des troupes d'occupation se partagent l'Autriche et l'Allemagne;
— des millions de personnes ont été déplacées.
▼

La France sort meurtrie de la guerre : des dizaines de milliers d'hommes, de femmes et d'enfants sont morts; son économie est ravagée, des villes entières sont détruites. Mais l'enthousiasme, l'espoir est général.

Naissance de la IVᵉ République

Le général de Gaulle conduit les affaires du pays à la tête d'un gouvernement provisoire. Les partis traditionnels se reconstituent mais d'autres aussi, issus de la Résistance, prennent forme. Des mesures économiques et sociales sont prises dès la fin de 1944 :

— nationalisation de certaines banques et du crédit, des houillères du Nord, de quelques industries comme Renault;

— un Commissariat général du Plan est créé en 1945, qui doit aider à la reconstruction du pays avec l'aide américaine (plan Marshall);

— le vote des femmes est acquis;

— un système national de Sécurité Sociale remplace les multiples assurances sociales d'avant-guerre; les allocations familiales sont créées.

La France retrouve sa place dans le concert des nations : avec les Alliés, elle reçoit la capitulation des armées nazies en 1945. Elle participe à la création de l'ORGANISATION DES NATIONS UNIES (ONU) et des nombreuses institutions qui en dépendent; elle siège au Conseil de Sécurité de l'ONU. Il faut une nouvelle constitution à la France; le général de Gaulle en propose une, qui est refusée : il démissionne le 20 janvier 1946. Les élections à l'Assemblée Constituante de juin 1946 montrent la victoire de trois partis : le PCF, la SFIO et le MRP (Mouvement Républicain Populaire).

Le 13 octobre, la nation ratifie par référendum une nouvelle constitution, des élections législatives suivent.

La IVᵉ République est née, son premier président est Vincent Auriol.

La situation économique est de plus en plus sérieuse, des grèves se développent un peu partout : Ramadier, Président du Conseil, décide alors de renvoyer les ministres communistes qui participaient au gouvernement.

Néanmoins, grâce à l'aide américaine, à la volonté des Français, le pays se relève très vite, l'économie redémarre, de nouvelles constructions, et parfois même des villes entières naissent, le niveau de vie s'élève rapidement.

Cette période est aussi marquée sur le plan démographique par un essor sans précédent : c'est le «baby boom» des années cinquante qui va permettre au pays de retrouver très vite une population aussi nombreuse qu'en 1939.

La décolonisation

Dès la fin de la Seconde Guerre mondiale, l'agitation gagne les colonies. Les peuples placés sous l'autorité de la France souhaitent leur émancipation.

En Indochine, les Viêt-minhs, sous la conduite d'Hô Chi Minh, demandent l'indépendance. Dans un premier temps la France refuse. Elle envoie même des troupes pour combattre les Viêt-minhs, mais ceux-ci connaissent bien leur pays et mènent une guerre de partisans, la guérilla.

Le 7 mai 1954, l'armée française encer-

Renault lance en 1947, la première voiture populaire, la fameuse 4 CV.
▼

L'Europe en 1945

FINLANDE
Helsinki
Léningrad
ESTONIE
LETTONIE
LITUANIE
U.R.S.S.
GRANDE-BRETAGNE
Berlin ⦿
POLOGNE
Paris
Prague
TCHÉCOSLOVAQUIE
⦿ Vienne
Budapest
AUTRICHE
HONGRIE
ROUMANIE
FRANCE
Bucarest
ITALIE
Belgrade
YOUGOSLAVIE
BULGARIE
Sofia
Rome

— frontières allemandes en 1919
territoires incorporés à l'U.R.S.S. de 1940 à 1945
Pologne en 1945
zone d'occupation soviétique en Allemagne et en Autriche
zone d'occupation des trois occidentaux (Etats-Unis, G.B. et France) en Allemagne et en Autriche
Etats ayant adopté un système de démocratie populaire de 1945 à 1948
⦿ occupation quadripartite à Berlin et à Vienne

Déplacements de population
Allemands
Tchèques
Polonais
Russes

0   500 km

clée dans le camp retranché de Dien-Bien-Phu se rend. Des milliers de soldats et d'officiers français sont faits prisonniers. La France ressent cette défaite comme une humiliation. Le gouvernement est renversé et Pierre Mendès-France, nouveau Président du Conseil signe, en juillet 1954, les accords de Genève qui mettent fin à la guerre d'Indochine : la France a perdu sa première guerre coloniale. Le 1er novembre 1954, éclate en Algérie, dans les Aurès, une insurrection anti-française. Les partisans du FLN (Front de Libération Nationale) algérien veulent aussi leur indépendance. Mais en Algérie vivent plus d'un million de Français. Pour eux, il n'est pas question d'abandonner leur pays, l'Algérie. L'armée interviendra massivement au début pour soutenir les colons français. La guerre va durer des années.

Pour les colonies françaises d'Afrique la décolonisation se déroule de façon moins dramatique. Les pays d'Afrique noire obtiennent d'abord une certaine autonomie dans le cadre de l'Union française (1946). Les PROTECTORATS tunisien et marocain accèdent en 1956 à l'indépendance.

L'idée européenne

Les deux guerres mondiales qui ont ravagé l'Europe au XXe siècle, ont provoqué des millions de morts et des destructions innombrables. La France veut éviter pour l'avenir de telles catastrophes; elle participe activement à une politique d'union européenne tant politique qu'économique.

Robert Schuman est un des pionniers de cette politique. En 1951, la CECA (COMMUNAUTÉ EUROPÉENNE DU CHARBON ET DE L'ACIER) est créée; en 1957, c'est au tour de l'EURATOM de voir le jour (Organisation de coopération européenne pour l'utilisation de l'énergie atomique). En même temps, le traité de Rome officialise l'existence de la CEE (COMMUNAUTÉ ÉCONOMIQUE EUROPÉENNE). Les grandes institutions politiques et économiques de coopération européenne sont en place.

Une seule ombre au tableau : en 1955, Pierre Mendès-France ne réussit pas à convaincre les députés français de créer une armée européenne, la CED, et il doit démissionner. Mais l'idée de coopération entre les nations européennes a fait son chemin. L'Europe est devenue une réalité.

Vers une nouvelle République

En dépit des progrès économiques, les guerres coloniales et l'instabilité gouvernementale provoquent de graves tensions politiques.

La guerre d'Algérie est le détonateur d'une crise profonde : refusant l'autorité de l'État, le 13 mai 1958, des généraux factieux

▲
Le Viêt-minh amène dans des camps de prisonniers des soldats français.

créent à Alger un Comité de Salut Public; le 15 mai le général de Gaulle se déclare prêt à assumer les pouvoirs de la République; à la demande du président Coty, il devient le chef du gouvernement et l'Assemblée nationale lui vote les pleins pouvoirs; le 28 septembre une nouvelle constitution est adoptée par RÉFÉRENDUM : c'est la fin de la IVe République et le début de la Ve République. Le 21 décembre, le général de Gaulle est élu Président de la République et de la Communauté Française.

Mai 1958 : Le président Coty et le général de Gaulle sur le perron de l'Élysée; ce dernier vient d'accepter de former le Gouvernement.
▼

▲
Deux héros de la décolonisation : Ho Chi Minh au Viêt-nam et Bourguiba en Tunisie. Tous deux, avec des difficultés diverses, conduisirent leur pays à l'indépendance.
▼

La Ve République

◀ *Le président de Gaulle lors d'un des « bains de foule ».*

La guerre d'Algérie envenime les débuts de la Ve République. De Gaulle proclame le 16 septembre 1959 le droit de l'Algérie à l'autodétermination par voie de référendum. La réaction des partisans de l'Algérie française ne tarde pas à se manifester : complots et rébellions se succèdent en Algérie au sein de l'armée et d'une frange de la population. L'année 1960 est entièrement marquée par le problème algérien; de Gaulle, après avoir écarté les dangers, se prononce pour l'indépendance de l'Algérie. Les négociations d'Évian en juin 1961 ouvrent la voie à un règlement pacifique. L'année suivante, l'Algérie devient indépendante, ce qui ne se fait pas sans drame pour un million de Français.

Dans le même temps, toutes les anciennes colonies françaises de l'Afrique noire accèdent à l'indépendance (1960), tout en gardant des liens privilégiés avec la France.

En 1962, le général de Gaulle propose une réforme de la Constitution : désormais, le Président de la République sera élu au suffrage universel.

Bien-être et consommation

Ces années connaissent une expansion économique ininterrompue et le redressement financier permet de stabiliser le Franc. De nouveaux centres industriels se développent dans les vallées alpestres et le long des fleuves; l'industrie atomique et les centrales nucléaires font de la France une des premières puissances en ce domaine; l'informatique et l'automation pénètrent progressivement tous les secteurs économiques. L'industrie aéronautique, après des réussites techniques et économiques comme la Caravelle, réalise le Concorde franco-britannique lancé en 1971; la construction intensive efface les ruines de la guerre et résout l'épineux problème du logement : les banlieues des grandes villes s'étendent démesurément, et des cités nouvelles, appelées souvent cités-dortoirs, se peuplent de jeunes ménages. Cette France industrielle attire de plus en plus de travailleurs étrangers qui contribuent à sa prospérité. L'automobile, le réfrigérateur, la télévision sont devenus des objets courants; les loisirs se développent; les générations nées après guerre, qui ont profité de la démocratisation de l'enseignement, accèdent à l'université. Les arts et la culture connaissent un essor sans précédent : de grandes rétrospectives de peintres (Dali, Picasso, Chagall) attirent des foules immenses. Le théâtre, en se décentralisant, se démocratise.

Cet essor général a secrété de nouvelles idées et de nouveaux comportements sociaux.

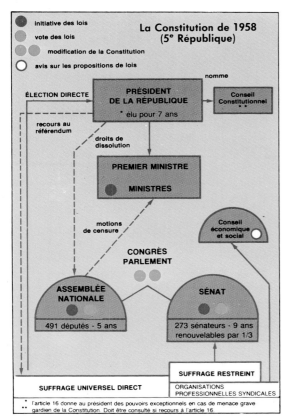

La Constitution de 1958
(5e République)

● initiative des lois
● vote des lois
●● modification de la Constitution
○ avis sur les propositions de lois

ÉLECTION DIRECTE → PRÉSIDENT DE LA RÉPUBLIQUE — *élu pour 7 ans* → nomme → Conseil Constitutionnel **

recours au référendum

droits de dissolution

PREMIER MINISTRE
● MINISTRES

motions de censure

Conseil économique et social

CONGRÈS PARLEMENT
● ●

ASSEMBLÉE NATIONALE — 491 députés - 5 ans

SÉNAT — 273 sénateurs - 9 ans renouvelables par 1/3

SUFFRAGE RESTREINT
ORGANISATIONS PROFESSIONNELLES SYNDICALES

SUFFRAGE UNIVERSEL DIRECT

* l'article 16 donne au président des pouvoirs exceptionnels en cas de menace grave
** gardien de la Constitution. Doit être consulté si recours à l'article 16

Étudiants et travailleurs lors d'une manifestation à Paris en mai 1968. ▼

◀ *Le Centre Georges Pompidou, lieu privilégié de manifestations artistiques et littéraires.*

En 1974, le président Georges Pompidou meurt et Valéry Giscard d'Estaing est élu à une courte majorité.

Dans ces mêmes années, une crise économique éclate dans tous les pays industrialisés, dont une des causes est la brutale hausse du prix du pétrole. Le chômage qui avait pratiquement disparu depuis la fin de la guerre réapparaît comme une douloureuse réalité quotidienne. Les gouvernements qui se sont

Le président Giscard d'Estaing prononçant une allocution à la télévision.
▼

Mai 68

L'année débute par une agitation lycéenne : des comités d'action se forment dans les lycées, et le 22 mars, des étudiants occupent les bâtiments de l'université de Nanterre. C'est le début du mouvement estudiantin qui, parti de Paris, va déferler sur toute la France. En mai, ce mouvement atteint son point culminant lorsque la police évacue la Sorbonne occupée par les étudiants; des barricades hérissent le quartier latin et les manifestations entraînent des dizaines de milliers de jeunes dans les rues.

Le mouvement se double de grèves et d'occupations d'usines. Ces événements entrent dans l'histoire comme le « Mai 68 ».

Mais le mouvement s'essouffle bientôt, et de Gaulle dissout la Chambre des députés; les nouvelles élections donnent une large majorité aux partisans du gouvernement.

Il faut souligner que Mai 68 a été un mouvement non violent contrairement aux apparences.

L'après de Gaulle

A la suite d'un référendum défavorable sur la RÉGIONALISATION et le Sénat (avril 1969) le président de Gaulle démissionne.

Georges Pompidou, qui fut à plusieurs reprises chef de Gouvernement, est élu à une large majorité à la Présidence de la République.

La société de consommation, ainsi appelée péjorativement en mai 68, reprend son rythme de progression. Après le recul électoral de la gauche en 1968, celle-ci retrouve ses voix aux élections de 1973.

▲
Le président Pompidou.

Le président Mitterrand, une rose, ▶ emblème du parti socialiste, à la main, lors de sa prise de fonctions au Panthéon.

succédé, en dépit des mesures adoptées, ne peuvent juguler chômage et inflation.

La carte politique de la France change sensiblement lorsque, en 1977, la gauche gagne les élections municipales; elle se prépare à une active campagne pour les élections présidentielles de 1981.

Le 10 mai 1981, François Mitterrand, candidat de la gauche, est élu Président de la République avec 51,75 % des suffrages exprimés. Aux élections législatives qui suivent (juin 1981) la victoire de la gauche se confirme : le parti socialiste obtient le plus grand nombre de sièges à l'Assemblée nationale et des ministres communistes sont nommés au Gouvernement. Grâce aux institutions de la Vᵉ République, l'alternance s'effectue dans le respect des lois.

Lexique

A

Absolutisme, système de gouvernement dans lequel le roi, représentant de Dieu sur terre, a tous les pouvoirs.

Adoubement, cérémonie féodale au cours de laquelle le jeune noble était fait chevalier et recevait ses armes et son équipement.

Amphore, vase à deux anses terminé dans sa partie inférieure par une pointe; il était utilisé par les Grecs et les Romains pour transporter ou conserver des liquides ou des grains.

Aqueduc, de *aqua* (eau) et *ductus* (conduite). Canal servant à capter et à conduire l'eau d'un endroit à l'autre.

Araire, instrument en bois léger qui ne permet qu'un labour superficiel.

Arènes, amphithéâtre romain où combattaient les hommes ou les bêtes.

Assignat, papier-monnaie, émis pendant la Révolution et gagé sur les biens nationaux.

Assolement triennal, succession de cultures différentes en trois ans sur un champ divisé en parcelles ou soles.

B

Bailli, officier royal institué par Philippe Auguste et qui exerçait au nom du roi, dans les provinces, les fonctions de finance et de justice.

Basilique, monument public rectangulaire divisé par des rangées de colonnes; servait de lieu de réunion chez les Romains; durant le haut Moyen Age, église chrétienne bâtie selon le plan des basiliques romaines.

Bénéfices, dignité ou charge dotée d'un revenu. Au Moyen Age, concession de terres faite par le suzerain à un vassal à titre de récompense et à charge de certains devoirs.

Biface, silex taillé sur deux faces utilisé par les hommes du paléothique comme outil et comme arme.

Bronze, alliage de cuivre et d'étain.

C

Cadastre, document sur lequel sont inscrits la surface et la valeur des terres de chaque propriétaire et qui sert de base à l'établissement de l'impôt.

Capitalisme, système économique fondé sur la propriété privée, la liberté de production et de commerce et la recherche de bénéfices.

Capitulaire, ordonnance émanant d'un roi mérovingien ou carolingien.

Cardo, grande voie nord-sud dans les villes romaines.

Cartel, entente conclue entre des entreprises concurrentes pour contrôler les prix, les ventes, etc.

Caste, groupe d'individus formant une classe sociale.

CECA, Communauté Européenne du Charbon et de l'Acier, association conclue en 1951 entre la Belgique, la France, le Luxem-bourg, les Pays-Bas et la République Fédérale d'Allemagne pour l'établissement d'un marché commun du charbon et de l'acier.

CEE, Communauté Économique Européenne conclue en 1957 entre la Belgique, la France, l'Italie, le Luxembourg et la République Fédérale d'Allemagne pour l'établissement d'une union douanière et d'un marché commun. En 1973, la Grande-Bretagne, l'Irlande et le Danemark ont adhéré à la Communauté.

Cens, redevance versée au seigneur; à partir de la Révolution, le cens représente l'impôt nécessaire pour être électeur ou éligible.

Chambre ardente, cour de justice extraordinaire sous l'Ancien Régime qui jugeait des faits exceptionnels, hérésie ou empoisonnement notamment.

Chanson de geste, ensemble de poèmes épiques ou héroïques du Moyen Age relatant les exploits de héros légendaires.

Charges, voir offices.

Charte, le mot signifie d'abord texte écrit, par opposition aux engagements verbaux; au Moyen Age texte mentionnant les droits, les devoirs et les engagements accordant ou confirmant des privilèges ou des franchises.

Chevalier, seigneur féodal ayant pour le combat un armement à cheval. Par la suite les chevaliers formèrent une classe sociale très fermée, fière de ses privilèges.

CNR, Conseil National de la Résistance, fusion des différents mouvements intérieurs français de résistance, réalisée en 1943.

Code, recueil, ensemble de lois.

Collaboration, activité pro-allemande d'une partie de la population dans les pays occupés pendant la Seconde Guerre mondiale.

Collégial, conseil ou assemblée dont les membres possèdent des pouvoirs égaux.

Colonisation, domination politique d'un pays par un état étranger.

Commis, fonctionnaire d'un ministère ou d'une administration sous la monarchie absolue.

Comte, fonctionnaire de l'époque carolingienne révocable par le roi, chargé d'administrer une circonscription territoriale appelée *pagus;* puis titre héréditaire qui devient honorifique à partir du xve siècle.

Concordat, traité signé entre un état laïque et la papauté pour déterminer les droits de chacun.

Connétable, du latin *comes stabuli*, comte de l'Écurie. Titre donné en France au commandant en chef de l'armée du xiiie au xviie siècle.

Consolamentum, cérémonie cathare; imposition des mains d'un parfait sur la tête d'un croyant à l'heure de sa mort pour que tous ses péchés lui soient pardonnés.

Constitutionnels, désigne les prêtres qui ont juré fidélité à la Constitution civile du clergé de 1790.

Corvée, service dû par un paysan au seigneur et consistant le plus souvent en un certain nombre de jours de travail gratuit.

Croisés, participants à une croisade qui peut être une expédition contre des hérétiques ou contre les musulmans en Terre Sainte.

D

Decumanus, grande voie est-ouest dans les villes romaines.

Dogme, ensemble des croyances d'une religion ou d'une doctrine.

Dolmen, monument préhistorique composé de grosses pierres brutes formant une table gigantesque.

Droit de dévolution, attribution d'un bien ou d'un droit par voie de succession.

Duce, chef du fascisme italien.

E

Échevin, au Moyen Age, les échevins formaient le conseil municipal et secondaient le prévôt dans sa tâche.

Entente (pays de l'), alliance de la France, de la Russie et de la Grande-Bretagne conclue pour faire face à la Triplice (voir ce mot) à la veille de la Première Guerre mondiale.

Étiquette, cérémonial en usage dans les cours princières. L'étiquette établit la hiérarchie des courtisans et des ambassadeurs lors des réceptions.

F

Fascisme, se dit de toute doctrine visant à instaurer un régime totalitaire basé sur la toute-puissance de l'État et le rôle prééminent du chef, qui en Italie porte le nom de Duce et en Allemagne de Führer.

Fédéré (peuple), peuple barbare qui, parce qu'il avait le droit de s'installer sur les terres de l'Empire romain, devait participer à la défense des frontières et devenait par conséquent l'allié de Rome.

Féodalité, ensemble de lois et de coutumes basées sur les liens de dépendance d'homme à homme et le don d'un fief; cette organisation dura en Europe occidentale, et particulièrement en France, du ixe au xiiie siècle.

Fief, terre donnée pour la vie à un vassal par son seigneur à la suite de la cérémonie de l'hommage.

Forum, place publique dans une ville romaine, centre de la vie politique, religieuse, judiciaire et commerciale. Situé en général à la croisée du *cardo* et du *decumanus*.

Führer, chef du fascisme allemand.

Fundus, mot latin qui désigne le domaine agricole sous l'Empire romain.

G

Gallican (gallicanisme), doctrine demandant la liberté de l'Église de France vis-à-vis de l'autorité du Pape.

Gau, équivalent du *pagus* à l'est du Rhin.

Génocide, extermination méthodique d'un groupe ethnique, par exemple les Arméniens, les Gitans, les Juifs.

Gouverneur, à l'origine représentant du roi doté de pouvoirs militaires dans une province frontière ou une région troublée. Les gouverneurs profitèrent des guerres de Religion pour s'attribuer des pouvoirs administratifs considérables. Louis XIV les soumit étroitement et rendit leurs charges purement honorifiques.

Grande Guerre, synonyme de Première Guerre mondiale.

Guilde, au Moyen Age, association professionnelle de marchands, artisans, bourgeois d'une ville, par exemple l'association des marchands d'eau de Paris, ou même d'une vaste région telle la Hanse germanique.

H

Hérésie, doctrine religieuse considérée comme fausse et condamnée par l'Église catholique.

Huguenots, surnom donné du XVIe au XVIIIe siècle aux protestants calvinistes de France par les catholiques.

Humanisme, mouvement littéraire de la Renaissance qui a remis en honneur les langues et les littératures grecque, latine et hébraïque.

I

Impérialisme, ensemble de mesures (économiques, politiques, culturelles...) qui doivent permettre à un état d'en dominer un ou plusieurs autres.

Indulgences, faculté pour l'Église catholique de pardonner les fautes de ceux qui ont péché, moyennant une aumône. L'établissement d'un véritable trafic d'indulgences en Allemagne, au début du XVIe siècle, fut à l'origine de la Réforme de Luther.

Inflation, accroissement excessif de la circulation monétaire qui entraîne une hausse des prix et une dépréciation de la monnaie.

Inquisition (Tribunal de l'), le pape Grégoire IX crée ce tribunal pour venir à bout des hérésies et de la sorcellerie. L'Inquisition créée en Espagne par saint Dominique s'étend rapidement à toute l'Europe.

Intendant, officier nommé par le roi et chargé de représenter le pouvoir royal dans les provinces. Apparus sous Louis XIII, les intendants reçurent de Louis XIV des pouvoirs étendus en matière de justice, police et finance.

J

Jachère, terre arable temporairement non cultivée afin de la laisser se reposer.

Jansénistes, partisans du jansénisme, mouvement religieux qui se répandit au sein de l'Église catholique, surtout en France, au XVIIe siècle; il tenta d'adapter au catholicisme certains thèmes (prédestination) inspirés de la Réforme protestante.

Jihad, guerre sainte chez les musulmans.

L

Libre-échange, système économique basé sur la libre circulation des marchandises, sans entraves douanières.

Limes, mot latin désignant une frontière fortifiée.

M

Manufacture, sous l'Ancien Régime, établissement employant un nombre important d'ouvriers et où le travail s'effectuait à la main.

Marche, province frontière sous l'empire carolingien; son chef portait le titre de marquis.

Menhir, du breton *men* (pierre) et *hir* (longue); monument préhistorique constitué par une grande pierre dressée verticalement.

Missi dominici, expression latine désignant sous l'empire carolingien les inspecteurs que l'empereur envoyait en province. Ils assuraient la surveillance des comtes et l'application des décisions de l'empereur.

Monachisme, état des ermites et moines chrétiens vivant à l'écart du monde.

Monopole, droit exclusif pour un commerçant, un artisan ou une société d'exercer une activité; la libre concurrence est ainsi supprimée.

Mosquée, lieu du culte musulman.

N

Nationalisme, exaltation des intérêts, des aspirations, des traditions d'une nation par rapport aux autres.

Néolithique ou nouvel âge de la pierre, époque la plus récente de la préhistoire appelée aussi âge de la pierre polie.

Noblesse de robe, classe privilégiée de la société sous l'Ancien Régime, dont les membres avaient acquis titre et privilèges en exerçant une charge judiciaire ou financière. Cette classe s'opposait à la noblesse d'épée dont les membres, ou leurs ancêtres, avaient acquis leur titre sur les champs de bataille.

O

Offices, nom donné à certaines charges publiques vendues, à partir du XVIe siècle, par le roi à des particuliers et dont le nombre n'a cessé de croître jusqu'en 1789.

Oints du Seigneur, rois consacrés avec une huile sainte lors de leur sacre.

ONU, Organisation des Nations Unies créée en 1945 par les états signataires de la Charte des Nations Unies en vue de sauvegarder la paix et la sécurité internationales.

Oppidum, ville fortifiée, citadelle de l'époque gallo-romaine.

Ordonnances, décisions du pouvoir exécutif (souverain ou gouvernement).

Ordre monastique, monastères obéissant à une même règle, par exemple la Règle de saint Benoît (Bénédictins).

P

Pagus, mot latin signifiant district, bourg. A l'époque mérovingienne et carolingienne, désigne une circonscription administrative.

Paléolithique, époque la plus ancienne de la préhistoire. Correspond à l'âge de la pierre taillée.

Papistes, surnom des catholiques au XVIe siècle.

Parfaits, nom donné aux Cathares qui vivaient dans le célibat et la pauvreté. Ils s'opposaient aux simples fidèles ou *croyants* qui pouvaient vivre comme ils l'entendaient.

Péage, droit perçu par le seigneur au Moyen Age et permettant d'emprunter un passage (voie ou pont) situé sur ses terres.

Peintures rupestres, dessins datant de la préhistoire exécutés sur les parois des grottes.

Place royale (aujourd'hui place des Vosges), ensemble architectural commencé sous Henri IV.

Prédestination, doctrine calviniste selon laquelle certains hommes sont d'avance élus par Dieu et d'autres abandonnés quelles que soient leur foi ou leurs œuvres.

Préhistoire, très longue période s'achevant à l'apparition de l'écriture. La préhistoire se divise en deux grandes périodes, le paléolithique et le néolithique.

Prévôt, magistrat choisi dans la bourgeoisie et placé par Philippe Auguste à la tête de l'administration des cités.

Prolétariat, ensemble d'hommes qui ne possèdent pas les instruments de leur travail et vivent de salaires.

Protectionnisme, système économique qui, pour privilégier l'économie nationale, frappe de très lourds droits douaniers toutes les marchandises importées.

Protectorat, système colonial par lequel un état en domine un autre tout en lui laissant son indépendance; le Maroc, la Tunisie furent des protectorats français.

R

Référendum, vote de l'ensemble des citoyens pour accepter ou rejeter une proposition du pouvoir exécutif.

Réfractaires, prêtres qui sous la Révolution refusèrent de prêter serment à la Constitution civile du clergé.

Régionalisation, décentralisation à l'échelle d'une région tant au point de vue économique et politique qu'administratif.

Remontrance, avis défavorable sur une loi, émis par le Parlement durant la monarchie absolue.

Renaissance, mouvement littéraire, artistique et scientifique européen des XVe et XVIe siècles; il est dû en grande partie à la redécouverte des idées et de l'art gréco-romains.

Réparations, sommes dues par l'Allemagne pour avoir déclaré la guerre de 1914 et par là même occasionné des dégâts matériels considérables.

Résistance, mouvements clandestins de civils qui décident de résister à l'occupant durant la Seconde Guerre mondiale. Les différents mouvements fusionnent en 1943. Jean Moulin est le chef en France du Conseil National de la Résistance.

Rex Francorum, « Roi des Francs ». Titre pris par les rois mérovingiens et carolingiens.

Rois fainéants, surnom donné par les historiens du XIXe siècle aux derniers rois mérovingiens, princes faibles et souvent malades.

S

Sarrasins, nom donné au Moyen Age aux populations musulmanes d'Orient, d'Afrique et d'Espagne.

Schisme, rupture entre les chrétiens : une partie d'entre eux refusant de reconnaître l'autorité du Pape.

Secteur tertiaire, secteur d'activité économique qui fournit des services à la collectivité.

SDN, Société des Nations, créée en 1920 par les signataires du traité de Versailles afin de garantir la paix et la sécurité entre les nations. Elle a été remplacée, en 1945, par l'ONU.

Sénéchal, à l'origine titre donné à l'officier de la cour chargé de présenter les plats; devint ensuite le synonyme de bailli (voir ce mot) pour le sud de la France.

Socialisme, système économique, entièrement dirigé par l'État, fondé sur la propriété collective des moyens de production et de commerce.

Suffrage universel, mode de suffrage dans lequel tous les citoyens majeurs votent quelle que soit leur fortune.

Suzerain, désigne au Moyen Age celui qui donne un fief à un vassal. À l'origine ce terme était réservé au seigneur qui était au-dessus de tous les autres sur un territoire donné (le roi de France par exemple).

Syndicat, association ayant pour but la défense d'intérêts professionnels.

T

Terroir, ensemble des terres exploitées par une communauté paysanne.

Thermes, bains publics ou privés à l'époque romaine et gallo-romaine.

Totalitarisme, système politique établissant la prééminence de l'État sur l'individu. L'État, représenté par un parti unique, est dirigé par son chef (Führer, Duce, etc.)

Tribut, contribution forcée imposée à un état ou un individu en signe de soumission ou de dépendance.

Triplice, les Empires Centraux — Allemagne, Autriche-Hongrie — auxquels s'est jointe l'Italie, concluent une alliance qui bientôt se heurtera aux pays de l'Entente (voir ce mot).

Troubadour, au Moyen Age, poète qui, dans le Midi de la France, allait de château en château, présenter des œuvres écrites en langue d'oc, en s'accompagnant d'instruments de musique.

Trouvère, équivalent du troubadour pour le nord de la France, dont les œuvres étaient composées en langue d'oil.

V

Vassal, homme lié par un lien personnel à son seigneur, le suzerain, qui en échange lui donnait une terre, le fief, dont il pouvait, sa vie durant, tirer des bénéfices.

Vénalité, possibilité d'acheter ou de vendre sous l'Ancien Régime des offices ou charges.

Versaillais, surnom donné aux partisans du Gouvernement réfugiés à Versailles pendant la Commune.

Villa, grand domaine agricole dans les mondes romain, mérovingien et carolingien.

Veto, pouvoir donné à une autorité (roi ou assemblée) de s'opposer au vote ou à la mise en application d'une loi.

Points de repères

Index

Les numéros des pages renvoient au texte; les numéros en *italique* renvoient aux illustrations; les numéros en **gras** renvoient au lexique.